債権管理回収は、融資セールス時からスタート

香川総合法律事務所 シニアマネージャー
相木辰夫 著

ビジネス教育出版社

はじめに ―なぜ、債権管理回収は、融資セールス時からスタートなのか

　本書は、融資の管理・回収のノウハウを、平時のセールス段階から前倒しで確認する目利きによって、お客さまをよく知り事業性評価や経営支援に役立てることを提案しています。

　融資業務は金融機関が顧客から借入証書などを受け取り、資金を貸し付ける与信行為です。与信は、貸し付けた資金は必ず返済されるという顧客との信頼関係に基づくものです。その信頼を裏付けるものとして財務情報や定性情報があり、融資取引契約があります。

　融資業務は、【提案セールス➡審査➡契約締結➡日常・途上管理➡債権回収】の「一連」の業務知識や経験を積むことによってスキルアップがされるものです。

　しかし、最近の金融機関の業務は役職員が減少するなかで、それぞれの金融機関の特性や顧客ニーズに応じて、営業店のサポート強化による本部への業務の集中、あるいは、営業力強化のために営業店人員を増員するなどにより、「一連」の融資業務を専門部署別に細分化して、効率化する経営施策が行われているようです。

　こうした環境下では、管理回収業務は本部の専担部署が取り扱うことが多く、営業店の皆さんが忙しい営業活動のなかで一連の融資業務の経験を積むことは少なくなっているのではないでしょうか。

　取引先が債権回収の段階になったときに、金融機関が選択できる方法は限られてしまいます。そこで、営業店の皆さんの日常の営業活動のなかでも、万一の債権管理回収の場面を頭の隅に置いて、事業性評価や経営支援を行って情報を蓄積し、疑問点は本部や弁護士等専門家に相談して連携するチェックポイントを確認しましょう。

　最近は政府の「脱ハンコ」政策に関連して、金融庁で金融業界の「印鑑・書面レス」や「電子認証・電子契約」が議論されていますが、融資契約内容とセールス時の顧客説明や債権管理の重要性は変わりがありません。本書で営業店の債権管理回収をマスターしましょう。

　2021年2月

相木辰夫

契約締結段階から始める、債権管理回収

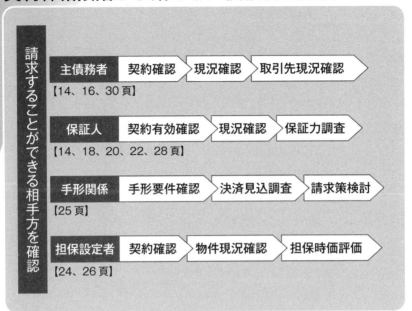

請求することができる相手方を確認

| 主債務者 | 契約確認 | 現況確認 | 取引先現況確認 |
【14、16、30頁】

| 保証人 | 契約有効確認 | 現況確認 | 保証力調査 |
【14、18、20、22、28頁】

| 手形関係 | 手形要件確認 | 決済見込調査 | 請求策検討 |
【25頁】

| 担保設定者 | 契約確認 | 物件現況確認 | 担保時価評価 |
【24、26頁】

日常・途上管理から始める、債権管理回収

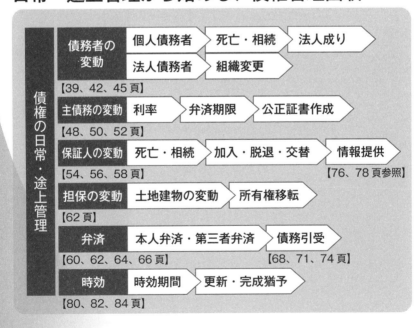

債権の日常・途上管理

| 債務者の変動 | 個人債務者 | 死亡・相続 | 法人成り |
| | 法人債務者 | 組織変更 |
【39、42、45頁】

| 主債務の変動 | 利率 | 弁済期限 | 公正証書作成 |
【48、50、52頁】

| 保証人の変動 | 死亡・相続 | 加入・脱退・交替 | 情報提供 |
【54、56、58頁】　　　　　　　　　　　　　【76、78頁参照】

| 担保の変動 | 土地建物の変動 | 所有権移転 |
【62頁】

| 弁済 | 本人弁済・第三者弁済 | 債務引受 |
【60、62、64、66頁】　　　　　　　【68、71、74頁】

| 時効 | 時効期間 | 更新・完成猶予 |
【80、82、84頁】

債権管理回収

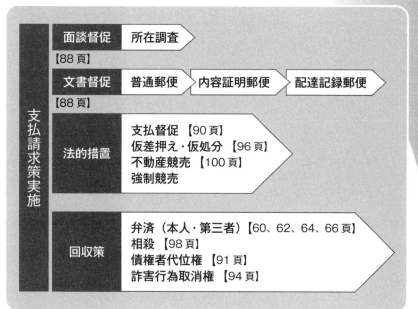

支払請求策実施

面談督促【88頁】	所在調査	
文書督促【88頁】	普通郵便	内容証明郵便 → 配達記録郵便
法的措置	支払督促【90頁】 仮差押え・仮処分【96頁】 不動産競売【100頁】 強制競売	
回収策	弁済（本人・第三者）【60、62、64、66頁】 相殺【98頁】 債権者代位権【91頁】 詐害行為取消権【94頁】	

債権管理回収

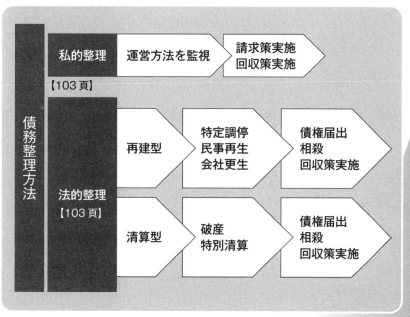

債務整理方法

私的整理【103頁】	運営方法を監視	請求策実施 回収策実施	
法的整理【103頁】	再建型	特定調停 民事再生 会社更生	債権届出 相殺 回収策実施
	清算型	破産 特別清算	債権届出 相殺 回収策実施

金融サービス業

銀行法・信用金庫法・
中小企業等協同組合法・
協同組合による金融事業に関する法律
農業組合法・労働金庫法・信託業法等

各種法令
監督指針
経営者保証に関するガイドライン

貸出金

| 借主 | 担保 | 保証 |

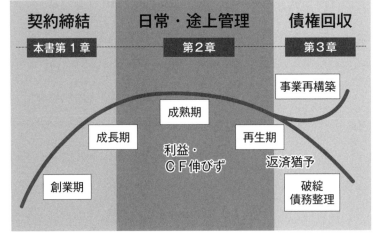

事業のライフサイクルと　金融サービスのイメージ

契約締結	日常・途上管理	債権回収
本書第1章	第2章	第3章

事業再構築

成熟期

成長期

再生期

利益・
ＣＦ伸びず

返済猶予

創業期

破綻
債務整理

目次

第**3**章 債権回収は新民法でどうする

債権回収

※本書では、2020 年 4 月 1 日に施行された「民法の一部を改正する法律」（平成 29 年法律第 44 号）を「新民法」とよび、改正前の民法を「旧民法」とよんで以下で説明します。

融資契約の締結は新民法でどうする

■ 主債務者 【16頁】

○貸出金の借主が主債務者です。

〔個人・人の権利能力・行為能力〕

　・融資契約をする資格としては、個人の場合には、契約の結果を判断する能力（意思能力）と、単独で有効な契約をすることができる資格（行為能力）があります。

　・契約をしたときに「意思能力」を有しなかった場合には、**新民法**ではその契約は無効になります（意思表示の受領時も同様）。

〔法人の能力〕

○法人の能力は、「法令の規定に従い、定款その他の基本約款で定められた範囲内において」、権利を有し、義務を負います。株式会社では、取締役会を設置しているかなどの会社組織（機関設計）を商業登記簿謄本や定款で確認し、会社のすべての行為をすることができる代表機関を確認します。

■ 保証人 【14、18、20、22頁】

○保証人には、個人と法人がなる場合があります。

○個人保証は、**新民法**で改正があります。

○事業融資についての経営者以外の第三者の個人保証は、保証意思宣明公正証書を保証契約締結の前1か月以内に作成しないと、保証契約は無効になります。

　そこで、融資セールスの際には、保証人を徴求するときは、保証人は経営者に該当するのかを確認し、個人第三者保証の場合には、保証人予定者が公証人に保証意思があることを主に「法定口授事項」について述べて保証意思宣明公正証書を作成する必要があります。

　また、**新民法**では保証人に対する情報提供義務が新設されました。債務者の保証人に対する情報提供義務と債権者（金融機関）の保証人に対する情報提供義務があります。

■ 担保 【24、26頁】

○担保の主な種類には、先取特権・留置権などの法定担保権と、契約による抵当権や質権などの約定担保権などがあります。金融取引では、担保として不動産担保がよく使われます。

○不動産は、登記簿謄本を取得して権利関係を確認し、現況を調査して、担保評価をします。**新民法**では担保保存義務の改正があります。

■ 手形関係 【25頁】

○担保手形や割引手形の裏書人に金融機関がなる場合には、金融機関は原則として手形に署名している全員に対して手形上の請求権を有します。手形債権の権利行使のためには、手形要件の具備と、呈示、遡及権行使の要件を備える必要があります。

■ 経営者保証に関するガイドライン 【28、112、117頁】

○同ガイドラインは、平成25年12月5日、日本商工会議所と全国銀行協会を事務局として制定されました。また、経営者保証に関するガイドラインの特則(令和2年4月適用開始)では、原則として前経営者、後継者の双方から二重には保証を求めないこととし、例外的に二重に保証を求めることが真に必要な場合には、その理由や保証が提供されない場合の融資条件等について、前経営者、後継者の双方に十分説明し、理解を得ることとして、例外的に二重徴求が許容される事例を例示しています。

■ 中小・地域金融機関向けの総合的な監督指針 【30、122頁】

○中小・地域金融機関の監督事務に関し、その基本的考え方、監督上の評価項目、事務処理上の留意点について、従来の事務ガイドラインの内容を踏まえて体系的に整理した「中小・地域金融機関向けの総合的な監督指針」(平成16年5月)が策定、公表されています。

保証人予定者の意思能力に疑問があるときは新民法でどうする 【個人の意思能力・行為能力】

> ▶金融機関はＡに対して、融資セールスによる提案をしている。融資担当者が保証人予定者と面談したところ、保証契約について明確でない回答が続き、保証契約の内容を理解していることが疑われたことから、面談記録を作成し上席に報告をした。
> ▶金融機関はどのような対応をするのがよいか。

- ●融資契約が有効に成立するためには、契約当事者である人（個人）の意思能力や、法人の行為能力・権利能力があることが前提となります。

- ●個人の意思能力とは、自分の契約や約束（法律行為）の結果を判断することができる能力です。個人の行為能力とは、単独で有効な契約（法律行為）を行うことができる資格です。

- ●**新民法**では、従来の解釈を条文化して、「法律行為の当事者が意思表示をしたときに意思能力を有しなかったときは、その法律行為は、無効とする。」とされました。そこで、契約の無効を主張する条文上の根拠ができたことになるので、高齢者等との取引にあたっては、今まで以上に相手方に意思能力が備わっているかをチェックする必要があります。

- ●個人には、法律行為を制限されている「未成年者、成年被後見人、被補佐人および民法17条1項の審判を受けた被補助人」（「制限行為能力者」といいます）があります。
  金融機関が保佐人や補助人と取引をする場合に、その保佐人や補助人が制限行為能力者になることもあるかもしれません。**新民法**では、制限行為能力者がその制限行為能力者の代理人としてした行為は、取り消すことができます。そこで、個人貸出先や保証人等の意思能力に懸念がある場合にはチェックするようにしましょう。

ケース 2

> ▶金融機関はＡと当座貸越取引がある。金融機関はＡの当座貸越取引が同約定書の通知による解約事由に該当すると判断した。融資担当者がＡと面談したところ、同約定書の内容を理解していることが疑われたことから、面談記録を作成し上席に報告をした。
>
> ▶金融機関はＡとの当座貸越取引を通知により解約するためにはどのような対応をするのがよいか。

● 意思表示の受領能力について、**新民法**では、意思表示を受領した時に相手方が意思能力を有しなかったときは、その意思表示の効力を主張できません（意思能力が回復した相手方または行為能力者となった相手方がその意思表示を知った後は、表意者はその意思表示を相手方に主張できます）。

● 金融機関の取引期間が経過する中で、金融機関が債務の履行請求や契約の解除をしたときに、後日、相手方から意思能力を欠いていたので履行請求や契約の解除が無効だと主張されるおそれがあります。この場合はみなし到達の規定は意思能力を欠く者に対しては効力を生じないと考えられます。

チェックポイント

☑ 借主や保証人等の意思能力がない場合には契約が無効になることが**新民法**で明文化され、取消しの根拠条文ができたことになったのでしっかり意思能力の確認をして、トラブルを防止しましょう。

☑ 融資契約時だけでなく、取引開始後の借主や保証人等の意思能力についても注意し、懸念がある場合には**上席や本部に報告**して対応策を検討しましょう。

☑ 意思表示の受領時に意思能力がない場合には、その意思表示は無効になります。ケース２のように、取引開始後に契約を解除する通知をした場合に、借主等が意思能力を有しない場合には、その意思表示を相手方に主張することができないので**上席に報告**して対応策を検討しましょう【123頁へ、125頁③参照】。

2 株式会社の取締役会や代表権の確認はどうする

【法人の権利能力・行為能力】

ケース 3

▶金融機関はA株式会社に対して融資提案セールスをしている。A社は登記事項証明書では取締役3名がいるが、「取締役会設置会社」とは記載されていなかった。

▶金融機関は代表権を確認するためにどのような調査をすればよいか。

● 法人の権利能力は、「法令の規定に従い、定款その他の基本約款で定められた目的の範囲内において」、権利を取得し、義務を負担します（民法34条）。

● 法人の種類としては、（一般・公益）社団法人、（一般・公益）財団法人、公益法人（学校法人・宗教法人・社会福祉法人・医療法人など）、営利法人（株式会社・合同会社など）、独立行政法人などがあります。金融機関で取引をすることが多い株式会社や（特例）有限会社などでは、保証や、担保提供について、取引上注意が必要です。

● 株式会社等では、どのような会社組織とするか（機関設計＝取締役会を設けるか、監査役会を設けるか、監査役等委員会設置会社とするか、指名委員会等設置会社とするか等）を選択することができます。

定款に取締役会を置く旨の定めがある株式会社のことを取締役会設置会社といいます。取締役会設置会社は、取締役3名以上、監査役1名以上を置く必要があります。また、代表取締役は取締役会で選定する必要があります。

取締役会設置会社は、登記事項証明書をとると、「取締役会設置会社に関する事項」欄に「取締役会設置会社」と記載され、かつ、「監査役設置会社に関する事項」欄に「監査役設置会社」と記載されています。「取締役会設置会社に関する事項」欄がない会社は、取締役会設置会社ではありません。

取締役を3名以上置いても取締役会を置かないこともできます。

取締役が2名以下の場合、取締役会を置くことはできません。また、特例有限会社は、取締役会を設置することができません。

　取締役会を設置しない会社では、取締役が2名以上いる場合には各自が会社を代表しますが、代表取締役を選任する場合には定款の定めによる取締役の互選、または株主総会の決議によって取締役の中から定められます。

● そこで、融資取引開始の際は、会社の定款や商業・法人登記簿謄本・登記事項証明書、取締役会や株主総会議事録により、機関設計と、会社のすべての行為をすることができる代表機関（法律で定められた人（自然人））を確認する必要があります。

● 株式会社の取引では、取締役の借入れに対して会社が保証や担保提供をする場合や、多額の借財や重要な財産の処分を行う場合等では取締役会の決議が必要になるときがあるので、注意が必要です。

　なお、判例では「多額の借財」に該当するか否かについては、当該借財の額、その会社の総資産および経常利益等に占める割合、当該借財の目的および会社における従来の取扱い等の事情を総合的に考慮して判断されます。その額は、一件ごとの金額のみでなく累積残高も考慮され、「借財」には、保証、保証予約、デリバティブ取引等も含まれます。

● 公益法人との取引では、設立の根拠となる法律を確認して、商業・法人登記簿謄本・登記事項証明書を確認し、代表者、決議方法や、寄付行為・規則・定款を確認し、必要に応じて議事録等を徴求します。

┌─ チェックポイント ─────────────────────

☑ 法人と融資取引をする場合には、金融機関の**事務取扱要領**により、権利能力・行為能力を、定款、取締役会・株主総会議事録、商業登記簿謄本や登記事項証明書などにより確認します【122頁①参照】。

└────────────────────────────────────

ケース 4

▶金融機関はＡ社に対して融資提案セールスをしている。稟議申請をしたところ保証人徴求が決裁条件となった。

▶Ａ社に保証人を依頼したところ、Ａ社の代表取締役の配偶者Ｂとしたいとの申し出があった。金融機関はどのような対応をすることが考えられるか。

● **新民法**では、「事業のために負担した貸金等債務」（事業融資）の第三者個人保証は、次頁の図のような公正証書作成適用除外となる経営者を除き、公証人があらかじめ保証人本人から直接保証意思を確認して公正証書を作成しなければ、効力を生じません。

● そこで、事業融資について、保証意思宣明公正証書を作成する必要がない個人保証人の範囲を確認しておきましょう。

● なお、**新民法**の保証意思宣明公正証書作成適用除外の経営者の範囲と、監督指針の第三者保証が可能な場合とは図のように範囲が異なるので、整理して確認する必要があります。ケース４のような法人の債務者の経営者の配偶者であるだけでは、適用除外にはなりません。

● 運転資金や設備資金のほか、アパートローンも事業融資に該当します。事業融資に該当するかは貸出した時点を基準時とし、貸出時には居住用住宅購入資金として融資を申し込み金融機関もその使途を前提として貸付けをした場合に、借主が貸出後に融資金を事業のために用いたとしても事業融資には該当しません。

チェックポイント

☑ 融資セールスをするときに保証人を付ける場合は、**事務取扱要領**で保証意思宣明公正証書を作成する必要があるか否かを確認しましょう。

☑ 公正証書を作成する必要がないことの確認資料を徴求して確認
し、**金融機関制定の表明保証**を徴求しておきましょう。

【120頁3、123頁ニ・ホ・ヘ、124頁ト、124頁ハ参照】

事業のために負担した貸金等債務を主債務とする保証契約で、公正証書の作成の適用除外は？

保証人と融資を受ける方（主債務者）との関係

主債務者（法人でない）と、 共同して事業を行う者、主たる債務者が行う事業に現に従事している債務者の配偶者

465条の9第3号

主債務者が法人である場合の
取締役
理事
執行役

465条の9第1号

主債務者が法人である場合の
総株主の議決権の過半数を有する個人
465条の9第2号イ

主債務者が法人である場合の
総株主の議決権の過半数を有する株式会社の、総議決権の過半数を有する個人
465条の9第2号ロ

主債務者が法人である場合の
総株主の議決権の過半数を有する株式会社と株式会社の総株主の議決権の過半数を有する個人が持つ場合の、総議決権の過半数を有するその個人
465条の9第2号ハ

左に準ずる者
465条の9第2号ニ

● 「経営者保証に関するガイドライン」
3. ガイドラインの適用対象となり得る保証契約
(2) 保証人が個人であり、主たる債務者である中小企業の経営者であること。
① 実質的な経営権を有している者、営業許可名義人又は経営者の配偶者（当該経営者と共に当該事業に従事する配偶者に限る。）が保証人となる場合
② 経営者の健康上の理由のため、事業承継予定者が保証人となる場合

● 「中小・地域金融機関向けの総合的な監督指針」
Ⅱ−11−2 主な着眼点
(1) 経営者以外の第三者の個人連帯保証を求めないことを原則とする融資慣行の確立
1. 実質的な経営権を有している者、営業許可名義人又は経営者本人の配偶者（当該経営者本人と共に当該事業に従事する配偶者に限る。）が連帯保証人となる場合
2. 経営者本人の健康上の理由のため、事業承継予定者が連帯保証人となる場合
3. 財務内容その他の経営の状況を総合的に判断して、通常考えられる保証のリスク許容額を超える保証依頼がある場合であって、当該事業の協力者や支援者から積極的に連帯保証の申し出があった場合（ただし、協力者等が自発的に連帯保証の申し出を行ったことが客観的に認められる場合に限る。）

4 保証意思宣言公正証書の作成は新民法でどうする

【保証意思宣言公正証書】

ケース 5

▶金融機関はＡ社に対して融資提案セールスをしている。Ａ社から融資案件の相談があり、保証人は、経営者等に該当しない第三者としたいとの申し出があった。

▶金融機関はどのような対応をすることが考えられるか。

● 前項目のように、事業融資で経営者以外の個人の第三者が保証人になる場合には保証契約の前1か月以内に、保証意思宣言公正証書を作成しないと（4月2日が保証契約締結日であれば3月2日以降に作成する）、保証契約は無効になります。

● 公証人の確認事項（法定口授事項）は**新民法**に定められており、保証意思、保証の法的効果のほか、債務者の財産状況等について把握しているかを保証人予定者が公証人に直接述べる方法（口授）によります。

● 口授の際に書面を使う場合には、口授内容の細目につき補充的・補完的に用いることはできますが、契約内容の全部を引用することはできません【112頁3、123頁ニ・ホ・ヘ、124頁ト、124頁ハ参照】。

● そのほか、保証人予定者が、債務者から財産状況等の情報提供を受けて、それを把握していることを口授します。

チェックポイント

☑ 保証意思宣言公正証書は原則として公証役場で、公証人が保証人予定者に保証意思があることを直接確認して作成されます。

☑ 保証意思宣言公正証書の作成には、債務者と保証人に対する金融機関のサポートが重要です。**事務取扱要領**等により、スケジュールや情報提供について、アドバイスし、サポートをしましょう。

保証意思宣明公正証書

作成手数料は1万1千円

保証意思宣明公正証書を作成しないと、保証契約が無効になる場合	保証意思宣明公正証書を作成しなくても保証契約が無効にならない場合

どちらも作成できる

保証予定者の、保証意思の確認

- ●公証人は、保証予定者が真に保証のリスクを十分に理解したうえで、その保証契約を締結し、保証債務を履行する意思があることを確認する
- ●第三者（債権者側／債務者側）の立会いは不可

保証予定者が口授すべき内容を、代理人が口授することはできない
（未成年者、制限行為能力者も同様）

特定債務保証契約	根保証契約	求償保証
●債権者・債務者の確認 ●貸金等の元本額 ●利息・違約金・損害賠償の定め ●主債務者からの情報提供 ●保証債務を履行する意思	●債権者・債務者の確認 ●主たる債務の範囲 ●根保証契約の極度額 ●元本確定期日の定め ●主債務者からの情報提供 ●保証債務を履行する意思	●貸金債務（貸主・借主契約の種別・貸金の元本額・利息の有無・遅延損害金の有無・他） ●求償債務（求償元金・遅延損害金・賦払保証料・弁済費用） ●情報提供内容・保証債務履行意思

保証契約のリスクの理解を確認

- ●保証の法的意味と、保証債務を負うことによって直面することがありうる具体的な不利益を十分理解したうえで相当な考慮をして保証契約を締結しようといているかを確認
- ●債務者の財産状況等について把握しているかを確認

保証予定者が「債務者の財産状況等」の把握をしていることを口授

- ●書面で債務者が情報提供＝附属書類として連綴
- ●口頭で債務者が情報提供＝要領を書面録取し附属書類として連綴

法定以外の口授の事項 （附属書類に連綴）

保証人予定者が口授し、公証人が筆記するとされる事項は法定されている（465条の6第2項第1号、第2号）。①から④までの事項など、保証予定者が通常考慮すると考えられる事項が常に筆記の対象になるわけではない。

…紛争に備え必要があると公証人が認めた場合録取し連綴
①借入金の使途
②債務の弁済期・弁済方法
③保証契約締結予定日
④主債務者と保証予定者との関係等

口授の際の書面の利用

- ●保証人予定者のメモは補助的に用いる
- ●口授内容の細目につき補充的・補完的に用いる。
- ●契約内容の全部を引用することは許されない
- ●強制執行認諾文言を付すことはできない

［法務省通達（2019.6.24）「民法の一部を改正する法律の施行に伴う公証事務の取扱いについて」をもとに作成］

債務者の保証人に対する情報提供は新民法でどうする

【保証人への情報提供義務】

▶金融機関はA株式会社に対して融資提案セールスをしている。A株式会社から融資案件の相談があり、保証人はA株式会社の取締役Bとする内容だった。

▶金融機関はどのような対応をすることが考えられるか。

● **新民法**では保証人に対する情報提供義務が新設されました。情報提供義務には、Bに対しても、次頁の図のように、債務者の保証人に対する保証契約締結時の情報提供義務と、保証契約締結後の債権者（金融機関等）の保証人に対する情報提供義務があります。

● 主たる債務者の保証人に対する契約締結時の情報提供義務は、主たる債務者がその事項に関して情報を提供せずまたは事実と異なる情報を提供したことを債権者（金融機関）が知りまたは知ることができたときは、保証人は、保証契約を取り消すことができます。また、取消権を行使するには、その情報提供によって、主債務者が情報提供すべき事項について「誤認」をしただけではなく、その誤認と保証契約の締結との間に因果関係があることが必要になります。

● 「誤認」として保証の具体的なリスクの程度を見誤らせるような情報の例として、主債務者に換価可能な不動産などの資産があるとの説明があったにもかかわらずそのような資産がないといったケースや、収益が上がっているとの説明があったにもかかわらず全く収益がないといったケースなどは、通常、取消権を行使するに足りる誤認があったものと認められると考えられます。

チェックポイント

☑ 保証契約締結時に債務者が保証人に対して情報提供した内容を、**事務取扱要領**等により確認しましょう【124頁ト参照】。

保証人への情報提供義務

債権者・主たる債務者の、
情報提供義務の整理

	債権者（金融機関）⇒保証人		債務者⇒保証人
	債権者の情報提供義務		主たる債務者の情報提供義務
改正条文	458 条の 2	458 条の 3	465 条の 10
情報提供義務の内容	主たる債務の履行状況 保証人の請求があったときは、債権者は保証人に対し、遅滞なく、主たる債務の元本および主たる債務に関する利息、違約金、損害賠償その他その債務に従たるすべてのものについての不履行の有無ならびにこれらの残額およびそのうち弁済期が到来しているものの額に関する情報を提供しなければならない。	主たる債務者の期限の利益喪失 債権者は保証人に対し、その利益の喪失を知ったときから 2 か月以内に、その旨を通知しなければならない。	契約締結時の情報提供義務内容 1. 財産および収支の状況 2. 主たる債務以外に負担している債務の有無ならびにその額および履行状況 3. 主たる債務の担保として他に提供し、または提供しようとするものがあるときは、その旨およびその内容
情報提供義務違反の効果	債務不履行の一般原則による（415 条）	期間内に通知をしなかったときは、債権者は、保証人に対し、主たる債務者が期限の利益を喪失したときから通知を現にするときまでに生じた遅延損害金に係る保証債務の履行を請求することができない。	主たる債務者が上欄 1 ～ 3 に掲げる事項に関して情報を提供せず、または事実と異なる情報を提供したために委託を受けた者がその事項について誤認をし、それによって保証契約の申込みまたはその承諾の意思表示をした場合において、主たる債務者がその事項に関して情報を提供せずまたは事実と異なる情報を提供したことを債権者が知りまたは知ることができたときは、保証人は、保証契約を取り消すことができる。
保証人属性	個人 **法人** 〔法人も〕	個人	個人
事業／**非事業**	事業／**非事業** 〔事業／非事業とも〕	事業／**非事業**	事業のために負担する債務を主たる債務とする保証、または、主たる債務の範囲に事業のために負担する債務が含まれる根保証
委託／非委託	委託がある保証人 〔委託の有無を確認していますか？〕	委託の有無にかかわらず	委託がある保証人 〔委託の有無を確認していますか？〕

・貸金等根保証に限らない。
・事業のために負担する債務一般についての保証

6 担保を徴求する場合は新民法でどうする

【担保】

ケース 7

> ▶金融機関はＡ社に対して融資提案セールスをしている。Ａ社から融資案件の相談があり、担保はＡ社所有の不動産とする内容だった。
>
> ▶金融機関はどのような対応をすることが考えられるか。

- 担保権の種類には、①先取特権のように法律が定める所定の条件が整った場合に当然に発生する担保権、②契約による抵当権・質権などがあります。

- ②の抵当権は、債務者や第三者が占有している不動産などを、債権者に占有を移さないで債権の担保として提供して登記簿で公示されます。債権者である抵当権者はほかの債権者に優先して債務の弁済を受けることができます。なお、配偶者居住権を定めた民法（相続関係）改正が2020年4月施行されたので、担保徴求の際に注意しましょう。

- 質権は、債権者が担保として預かったものを占有し、他の債権者に先立って実行して回収をすることができます。

- 担保の種類には、不動産担保、預金担保、有価証券担保、商業手形担保、売掛債権担保などがあります。

- **新民法**では、担保に徴求することが多い賃貸借の「敷金」についての規定が新設されました（622条の2）。

- 取締役会を設置する株式会社が重要な財産を処分したり、多額の借財をする場合は、取締役会の決議が必要です。疑わしい行為の場合は確認することが取引の安全になります。

- 利益相反取引は、法人の役員が自己または第三者のためにその法人と取引する場合は、株主総会、取締役会、社員総会等の承認が必要です。そこで、利益相反に該当する行為である場合には、取締役会等の議事録を徴求して確認する必要があります。

●売掛債権譲渡担保は、発生済の売掛債権などを担保にする場合、継続的取引に基づき現在および将来発生する債権を債権譲渡により担保にする方法で、**新民法**で改正されました【26頁参照】。

●左記①の法定担保権には、留置権があり、金融取引では商事留置権があります（代金取立てで預かっている手形等は破綻時に留置権が生じます）。商事留置権について、商法521条は、「商人間においてその双方のために商行為となる行為によって生じた債権が弁済期にあるときは、債権者は、その債権の弁済を受けるまで、その債務者との間における商行為によって自己の占有に属した債務者の所有する物又は有価証券を留置することができる。」と定めています。

そして、破産法上、手形の商事留置権は、別除権でありその目的である財産につき破産手続きによらないで行使でき、特別先取特権であるとみなされ、破産財団に対する優先弁済効を有します。

また、民事再生法上、手形の商事留置権は、別除権であり、その目的である財産につき再生手続きによらないで行使できます。そして、取立金を法定の手続きによらず債務の弁済に充当できる旨定める銀行取引約定は、別除権の行使に付随する合意として、民事再生法上も有効です（最近の脱手形の動きを注視しましょう）。

チェックポイント

☑ 担保権設定契約は債権者である金融機関と担保物の所有者の間で締結されます【124頁②ロ参照】。

☑ 担保設定には、個人所有者の行為能力が必要です。また、法人では定款で担保提供が制限されていないかや、重要な財産の処分・多額の借財（17頁参照）や利益相反取引では、**事務取扱要領**等により取締役会の決議や承認があるかを確認します。

☑ 金融機関は、保証人や担保提供者などがある場合には、故意や過失によってその担保・保証をなくしたり減らした場合には、その範囲で保証人や担保提供者などはその責任を免れるので、担保解除等の合理性について**本部や専門家に確認**が必要です【62頁参照】。

7 売掛債権譲渡担保融資（ABL）は新民法でどうする

【担保・ＡＢＬと債権譲渡】

ケース 8

> ▶金融機関はＡ社に対して融資提案セールスをしている。Ａ社から融資案件の相談があり、担保は、新民法で債権譲渡制限特約が付いていても譲渡は有効になったとＡ社がニュースで聞いたことから、Ａ社がＢに対して有する売掛金を提供したいとの申し出だった。
>
> ▶金融機関はどのような対応をすることが考えられるか。

● 債権譲渡制限特約がある債権の譲渡について、**新民法**では、譲渡制限特約があっても、譲渡人と譲受人間での債権譲渡取引は有効になります。しかし、一般的な事業者間の取引基本契約では、売掛債権等を譲渡した場合には契約解除事由に該当するとされています。そうすると、譲渡制限が付いた売掛債権の譲渡は**新民法**で有効となっても、中小企業が債権譲渡をすると取引契約に基づいて取引を打ち切られたり、契約解除をされて取引先を失うおそれがあります。

● そこで、**新民法**下で譲渡禁止特約が付いている債権を担保とする金融機関の立場からの指摘として、当事者間の契約に違反させるような行為を金融機関が求めることが問題だとされるリスクや、譲受人である金融機関の説明が不十分なまま債権譲渡がなされた結果、当事者の契約が解除され、金融機関が損害賠償請求を受けるリスクがあります【124頁②ロ参照】。

チェックポイント

☑ **新民法**による債権譲渡制限特約があっても、債権の譲渡は有効となりましたが、**新民法**下で債権譲渡制限特約がある債権を譲渡した場合には、上記のように金融機関が取引先から損害賠償請求を受けたり、コンプライアンス違反を問われるおそれがあります。

☑ そこで、金融機関としては、次頁の図の特約の例のような取引慣行が定着するまでの間は、**本部や信用保証協会に確認**し改正前どおり支払人から抗弁放棄の承諾や通知をすることが安全と考えら

れます。

債権譲渡改正と中小企業の資金調達

◆特約の例
- 保証協会・金融機関等に対する譲渡・担保提供を認める。
- 不当に契約解除・取引停止・損害賠償請求等を行わない。
- 国交省2019年12月建設工事標準請負契約約款改正では、一定の場合に債権譲渡できる

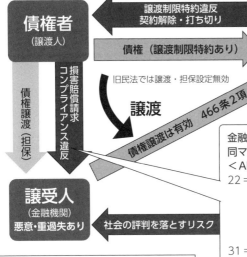

金融検査マニュアルFAQ
同マニュアルは2019年12月廃止
＜ABL編＞抜粋
22＝「売掛金担保」が「一般担保」として扱われるためには、登記や第三債務者との契約に基づき、（中略）譲渡禁止特約が付されていないこと
31＝「異議をとどめない承諾」を得た「売掛金担保」については、「決済確実な商業手形」の要件に準じた要件を備えている限り、原則として、「優良担保」として取り扱って差し支えありません

金融庁「検査マニュアル廃止後の融資に関する検査・監督の考え方と進め方」（案）に対するパブリックコメントの結果等について（2019年12月18日）

提出意見85.に対する金融庁の回答
譲渡禁止特約付債権についても、改正民法の施行後は、譲渡禁止特約が付されていることのみをもって回収可能性がないと判断されるわけではなく、上記の諸般の事情を考慮した上で回収可能見込額を算出することになると考えられます。

8 経営者保証に関するガイドライン・特則対応は新民法でどうする【経営者保証に関するガイドライン、特則】

▶当金融機関の保証契約等には、保証人が経営者保証のガイドラインに則った保証債務の整理を申し立てた場合には、金融機関は誠実に対応するよう努めると記載されている。

▶どのような対応をすればよいのか。

● 「**経営者保証に関するガイドライン**」は、以下の課題に対する解決策の方向性を、全銀協と日本商工会議所が事務局となり、2013年12月9日取りまとめたものです。

　中小企業の経営者による個人保証には、資金調達の円滑化に寄与する面がある一方、経営者による思い切った事業展開や、保証後において経営が窮境に陥った場合における早期の事業再生を阻害する要因となっている等、中小企業の活力を阻害する面もあり、個人保証の契約時および保証債務の整理時等においてさまざまな課題があります。

● 経営者保証に関するガイドラインの概要は、

経営者の個人保証について、

⑴法人と個人が明確に分離されている場合などに、経営者の個人保証を求めないこと

⑵多額の個人保証を行っていても、早期に事業再生や廃業を決断した際に一定の生活費等（従来の自由財産99万円に加え、年齢等に応じて約100 ～ 360万円）を残すことや、「華美でない」自宅に住み続けられることなどを検討すること

⑶保証債務の履行時に返済しきれない債務残額は原則として免除すること【「経営者保証に関するガイドライン」Ｑ＆Ａ、も参照】（116頁）】

などが定められています。

　なお、第三者保証人についても、上記⑵、⑶については経営者本

人と同様の取扱いとなります【112頁参照】。

- 〈事業承継時に焦点を当てた**「経営者保証に関するガイドライン」**
  の特則〉（2020年4月1日適用開始）【117頁参照】
- この特則は、従来の「経営者保証に関するガイドライン」を補完す
  るものとして、事業承継時の経営者保証の取扱いについての具体的
  な着眼点や対応手法などについて定めています。
- 本特則のポイントには以下のものがあります。
  - ①前経営者、後継者の双方からの二重徴求の原則禁止
  - ②後継者との保証契約は、事業承継の阻害要因となり得ることを考
    慮し、柔軟に判断
  - ③前経営者との保証契約の適切な見直し
  - ④金融機関における内部規定等の整備や職員への周知徹底による債
    務者への具体的な説明の必要性
  - ⑤事業承継を控える事業者におけるガイドライン要件の充足に向け
    た主体的な取組みの必要性
- なお、金融庁は、「新規融資に占める経営者保証に依存しない融資
  の割合」などから構成される「金融仲介の取組状況を客観的に評価
  できる指標群（KPI）」を策定し、2020年10月16日、各銀行が行っ
  た「経営者保証に関するガイドライン」への取組みの状況を比較す
  ることができるウェブページアドレスの一覧を公表しています。
  （https://www.fsa.go.jp/news/r2/ginkou/20201014-2/01.pdf）

チェックポイント

- ☑ 一般的な金融機関の融資契約には、「保証人が『経営者保証に関す
  るガイドライン』に則った整理を申し立てた場合には、金融機関
  が『経営者保証に関するガイドライン』に基づき当該整理に誠実
  に対応するよう努める旨金融機関から申入れがあったことを保証
  人は確認します」と記載されています。

- ☑ 保証人から同ガイドラインについての問合せや相談を受ける場合
  に備えて、**事務取扱要領**等と同ガイドラインと同特則の内容を確
  認しておきましょう【112頁参照】。

金融庁の監督指針対応は新民法でどうする

【監督指針】

ケース 10

▶金融機関の融資業務の顧客説明に関連して、金融庁の「中小・地域金融機関向けの総合的な監督指針」がある。

▶金融機関はどのような事項について顧客に説明しなければならないとされているのか。

●金融機関は、銀行法12条の2第2項および銀行法施行規則13条の7（協同組織金融機関に係る業法でも準用）に基づいて、その業務に係る重要な事項の顧客への説明その他の健全かつ適切な業務の運営を確保するために措置を講じなければなりません。そして、金融庁の中小・地域金融機関向けの総合的な監督指針Ⅱ-3-2-1「与信取引（貸付契約及びこれに伴う担保・保証契約及びデリバティブ取引）に関する顧客への説明態勢」は、金融機関の内部管理態勢の検証を行う際の着眼点を示しています。

チェックポイント

☑ この監督指針をチェックして、**自金融機関の規程・事務取扱要領・マニュアル**では、顧客への説明態勢および相談機能、苦情処理・紛争解決機能がどのように規定されているかを、確認しておきましょう。

☑ こうした確認をすることは、顧客説明の全体像を把握することができ、自信をもって営業活動をすることにつながります。

●中小・地域金融機関向けの総合的な監督指針の主な項目【122～127頁参照】（出典：32頁の図を抜粋し編集）

1．全行的な内部管理態勢の確立

・取締役会の機能発揮
・相談苦情処理機能と説明態勢の連携

2．契約時点等の説明

① 商品または取引の内容およびリスクの説明
・個人保証契約については、最悪のシナリオ（実際に保証債務を履行する事態）を想定した説明
・連帯保証契約については、補充性や分別の利益がないことなど、通常の保証契約とは異なる性質を有することについて、相手方の知識・経験に応じた説明
・第三者との根保証契約について、保証人の要請があった場合における被保証債務の残高等の情報提供　　等
② 契約締結の客観的合理的理由の説明
・貸付条件、担保・保証の極度額、第三者保証、経営者の保証等について、顧客から求められれば、事後の紛争等を未然に防止するため、顧客の理解と納得を得ることを目的とした説明態勢
③ 契約の意思確認　⇒　面前自署・押印等
④ 契約書等の書面の交付
・銀行取引約定書は双方署名方式の採用または写しの交付
・契約書等の写しの交付

3．取引関係の見直し等の場合の対応

① 金利の見直し、返済条件の変更、担保追加設定・解除等の場合
⇒上記2．と同様に、顧客の理解と納得を得ることを目的とした説明
② 顧客の要望を謝絶し貸付契約に至らない場合
⇒これまでの取引関係や、顧客の知識、経験、財産の状況および取引を行う目的に応じ、可能な範囲で、謝絶の理由等を説明
③ 延滞債権の回収（担保処分および個人保証の履行請求を含む）、債権譲渡、企業再生手続き（法的整理・私的整理）および保証人の個人再生手続き等の場合
⇒これまでの取引関係や、顧客の知識、経験、財産の状況および取引を行う目的に応じ、かつ、法令に則り、一連の各種手続きを段階的かつ適切に執行するとともに、求めに応じ、客観的合理的理由を説明

与信取引等に関する顧客への説明態勢に関する監督指針
（別紙1）「与信取引に関する顧客への説明態勢及び相談苦情処理機能に
関する監督指針－説明義務・説明責任（アカウンタビリティ）の徹底、
顧客との情報共有の拡大と相互理解の向上に向けた取組み」

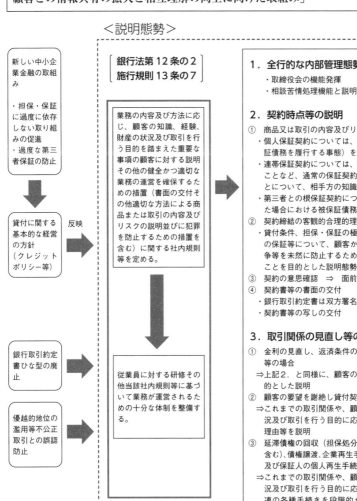

＜説明態勢＞

新しい中小企業金融の取組み

・担保・保証に過度に依存しない取り組みの促進
・過度な第三者保証の防止

貸付に関する基本的な経営の方針（クレジットポリシー等）

反映

銀行取引約定書ひな型の廃止

優越的地位の濫用等不公正取引との誤認防止

［銀行法第12条の2　施行規則13条の7］

業務の内容及び方法に応じ、顧客の知識、経験、財産の状況及び取引を行う目的を踏まえた重要な事項の顧客に対する説明その他の健全かつ適切な業務の運営を確保するための措置（書面の交付その他適切な方法による商品または取引の内容及びリスクの説明並びに犯罪を防止するための措置を含む）に関する社内規則等を定める。

従業員に対する研修その他当該社内規則等に基づいて業務が運営されるための十分な体制を整備する。

1．全行的な内部管理態勢の確立
　　・取締役会の機能発揮
　　・相談苦情処理機能と説明態勢の連携

2．契約時点等の説明
　① 商品又は取引の内容及びリスクの説明
　　・個人保証契約については、最悪のシナリオ（実際に保証債務を履行する事態）を想定した説明
　　・連帯保証契約については、補充性や分別の利益がないことなど、通常の保証契約とは異なる性質を有することについて、相手方の知識・経験に応じた説明
　　・第三者との根保証契約について、保証人の要請があった場合における被保証債務の残高等の情報提供　　等
　② 契約締結の客観的合理的理由の説明
　　・貸付条件、担保・保証の極度額、第三者保証、経営者の保証等について、顧客から求められれば、事後の紛争等を未然に防止するため、顧客の理解と納得を得ることを目的とした説明態勢
　③ 契約の意思確認　⇒　面前自署・押印等
　④ 契約書等の書面の交付
　　・銀行取引約定書は双方署名方式の採用又は写しの交付
　　・契約書等の写しの交付

3．取引関係の見直し等の場合の対応
　① 金利の見直し、返済条件の変更、担保追加設定・解除等の場合
　　⇒上記2．と同様に、顧客の理解と納得を得ることを目的とした説明
　② 顧客の要望を謝絶し貸付契約に至らない場合
　　⇒これまでの取引関係や、顧客の知識、経験、財産の状況及び取引を行う目的に応じ、可能な範囲で、謝絶の理由等を説明
　③ 延滞債権の回収（担保処分及び個人保証の履行請求を含む）、債権譲渡、企業再生手続き（法的整理・私的整理）及び保証人の個人再生手続き等の場合
　　⇒これまでの取引関係や、顧客の知識、経験、財産の状況及び取引を行う目的に応じ、かつ、法令に則り、一連の各種手続きを段階的かつ適切に執行するとともに、求めに応じ、客観的合理的理由を説明

監督上の対応

経営として重要な社内規則等の作成自体を怠る等、重大な法令違反のケースは行政処分（例えば業務の一時停止）を検討

（出典）監督指針 「Ⅱ－3－2－1－3　監督手法・対応の（別紙）」
https://www.fsa.go.jp/common/law/guide/chusho/bessi01.pdf

<相談機能>

〈顧客との情報共有の拡大と相互理解の向上に向けた取組み〉

［相互の共通理解に向けた基盤整備］　　［経営相談・支援機能の充実、強化に向けた取組み］

○銀行側からの意思疎通
借り手企業の業況や財務内容、担保提供を受けた資産の評価等に関する銀行の判断についての説明

○借り手企業からの意思疎通
経営内容について早め早めに銀行に相談するメリットの説明

・経営改善支援
（経営改善計画、借入金返済計画の策定を含む）
・早期事業再生
に向けた取組みが必要と認められる場合

↓

相互の共通理解のもと、顧客の業況、事業の将来性等についての銀行の判断を率直に説明

<苦情処理・紛争解決機能>
（Ⅱ－3－2－6 参照）

苦情等対処に関する適切な内部管理態勢の整備（社内規則等整備、実施態勢整備等）

金融 ADR 制度への対応に当たり、業務の規模・特性に応じて適切かつ実効性ある態勢の整備

反社会的勢力との絶縁等民事介入暴力対策

○相談・苦情・紛争等対処の必要性
○様々な態様の申出（相談、苦情、紛争等）に適切に対処していくことが重要。金融 ADR 制度においては、苦情・紛争それぞれについて適切な態勢整備が求められる（苦情・紛争の相対性・連続性を勘案）。

内部管理態勢の実効性等に疑義が生じた場合は、必要に応じ報告（法第24条に基づく報告を含む）を求めて検証し、業務運営の適切性、健全性に問題があると認められれば、①法第24条に基づく改善報告を求め、または、②重大な問題があると認められる場合には、法第26条に基づき業務改善命令を発出。

（注）この図は監督指針の構成を簡略化して図示したものであり、事務の執行に当たっては、本文を参照されたい。

第**2**章

融資実行後の
債権管理は
新民法でどうする

■ 主債務者の変動 【39、42、45頁】

○主債務者が個人の場合の日常・途上管理のテーマとしては、債務者の死亡と債務の相続と、個人貸出先の法人成りがあります

○法人貸出先のテーマとしては、代表者の交替や、合併、会社分割などがあります。

■ 個人保証人の変動 【54、56、58、62、76、78頁】

○**新民法**で改正された個人保証人の変動のテーマとしては、保証人の死亡と保証債務の相続、保証人の交替、主債務の変更による保証への影響と対応があります。

○特定債務保証がついた主債務の弁済期限を延長する場合には注意が必要です。

○新民法448条2項は、「主たる債務の目的又は態様が保証契約の締結後に加重されたときであっても、保証人の負担は加重されない」との条文が新設されました。金融機関が主債務の弁済期限を延長することは、債務者にとっては期限の利益喪失や損害金発生などを回避することができるので、契約の不利益変更ではないとの考え方もあります。

○他方で、委託を受けた保証人の事前の求償権（一定の要件を満たすことで債務を弁済する前であっても保証人から主債務者に対し求償権を行使することができる）について、民法460条2号ただし書きは、「保証契約の後に債権者が主たる債務者に許与した期限は、保証人に対抗することができない」とされています。そこで、当初の主債務の弁済期限が2022年4月1日であった場合に、その弁済期限を1年間延長しても、保証人は2022年4月1日が弁済期であるものとしてあらかじめ求償権を行使することができます。

○そこで、実務対応としては特定債務保証のついた主債務の弁済期限を延長する場合には、保証人の承諾を徴求することが安全と考えられます。

■ 担保の変動 【24、41、62頁】

○担保を設定した不動産が変動することはよくあります。新たな建物が建てられたり増改築された場合があります。

○また、担保物への差押えや、所有権の移転、相続などがあります。

○2020年4月から**改正相続法**の配偶者居住権が施行されました。金融機関が担保権を設定済みであれば、抵当権の効力に影響はありません。しかし、担保を徴求する際に既に配偶者居住権が登記されている場合には、生存配偶者の意思を確認し、配偶者居住権を放棄してもらいその登記を抹消する選択肢もありますが、税法上相続人等が不利益を受ける場合があるので、本部や税理士等の専門家にも相談して対応しましょう。

■ 弁済 【60、62、64頁】

○債務の弁済には、本人弁済と第三者弁済があります。

○第三者弁済は、**新民法**で改正があり、債権者の意思に反して弁済できない改正が行われました。また、債務者の意思に反することを債権者（金融機関）が知らなければ第三者弁済は有効になりますが、その場合に金融機関は調査を尽くして知らなかったといえるように記録をしておくことが考えられます。

○弁済の場合には、債務への充当をどうするかも確認事項になります。原則的には（銀行）取引約定書の充当特約が民法の規定に優先します（競売の場合の充当に注意しましょう【60頁参照】）。

■ 債務引受 【40、42、68、71、74頁】

○債務引受には、併存的債務引受と免責的債務引受があり、**新民法**で明文化がされました。筆者は、新民法で金融実務にメリットが最も大きいのが債務引受だと考えています。明文化により、契約当事者や担保・保証の移転についても明確になったので、債務引受の活用場面が広がるので内容を確認しておきましょう。

また、併存的債務引受は、**新民法**の改正で、連帯保証人の一人についての時効の完成が相対効になったことから、活用が進むと考えられます。その理由としては、たとえば、主債務者が行方不明になって延滞状態になったときに家族が併存的債務引受をして（引受人と債務者との関係は連帯債務になります）弁済をしていて数年経過したところで行方不明であった債務者が現れて時効を援用した場合には、旧民法では連帯債務者の一人についての時効の完成は絶対効（他の連帯債務者にも効果が及ぶ）なので、引受人の負担部分がゼロの場合では、債権者である金融機関は回収ができませんでした。**新民法**では、連帯債務者の一人についての時効の完成が相対効になったので、金融機関は引き続き引受人に請求をすることができます。

○免責的債務引受は、旧民法の判例では、債務者の意思に反してできないとされていましたが、**新民法**では債務者が行方不明でも通知をすればよいとの改正がされました。そして、担保と保証を引受人の債務に移転させる方法が条文により明確化されました。

■ 時効管理

○旧民法の時効期間と、時効の中断・停止が、**新民法**で改正され時効の更新・完成猶予は名称が変更されたので、その内容とともに確認し、債権の時効管理をする必要があります（仮差押え・仮処分は旧民法の中断から、**新民法**では時効完成猶予に改正されて効力が弱まりました）。

○なお、旧民法の時効の中断と、**新民法**の時効の完成猶予は、その事由があったときの民法が適用されるので注意が必要です。つまり、**新民法**施行日前に生じた時効中断事由には旧民法が適用され、**新民法**施行日後にされた事項の完成猶予事由には**新民法**が適用されます。そこで、旧民法の中断と時効完成猶予について、旧民法または**新民法**による二重管理が必要になるので注意が必要です。

1 (1) 個人貸出先の変動は新民法でどうする

【個人貸出先の変動】

ケース 11

▶金融機関の個人貸出先Aが死亡した。相続届を受けて、戸籍謄本を確認したところ、Aの相続人は、妻Bと子Cがいる。Aの債務の相続は、自筆証書遺言により、Cが承継することになっていた。金融機関がBとCの資産を調査したところ、Cの資力・返済能力に懸念があることがわかった。

▶そこで、金融機関はBに対して、債務の引受を交渉しようと考えている。金融機関はどのように対応するのがよいか。

● 金銭債務の相続につき、判例は、法律上当然に分割され、各相続人は法定相続分に従って分割されたそれぞれ独立の債務を承継するとしています。相続方法には、そのほか、3か月以内の熟慮期間を設けた限定承認や相続の放棄があります。

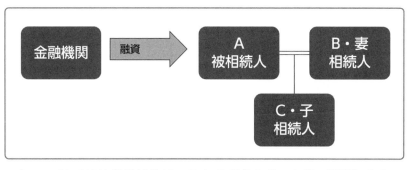

● ケース11では法定相続分は、BとCが各2分の1ずつ相続します。

● ケース11のように遺言がある場合は、民法により有効に作成されたことを確認します（2019年1月13日以降に作成されたものには方式緩和があります）。

● ケース11の場合、金融機関は遺言による法定相続分の割合と異なる割合による相続に同意しないことができます。しかし同意しない場合には、法定相続分に応じた債務の弁済をB・Cに対してすることになるので、金融機関はB・Cと協議して、いったんB・Cに分

割して承継された債務について、Bが債務引受をする方法があります【68、71、74頁参照】。

● 債務引受は、債務の同一性を保持したまま移転させる契約で、**新民法**では併存的債務引受と免責的債務引受が明文化がされました。

● 相続では、相続人が放棄をすることが最近増加しています。相続をしたくない相続人は、相続開始を知った日から3か月以内に家庭裁判所へ申述して放棄の手続きをする必要があります。裁判所は申述者から放棄の意思を確認してから申述書を受理し、放棄の効力が生じます。放棄が成立すると、その相続人ははじめから相続人でなかったことになります。

● 相続人が不存在の場合は、家庭裁判所は利害関係人または検察官の請求により、相続財産の目録を調整し、相続財産法人の代理人として相続財産管理人を選任し公告をし、相続人が判明しないときは特別縁故者への分与手続きを経て、最終的に余った財産は国庫に帰属することになります。

チェックポイント

☑ 債務の相続届があった場合には、戸籍謄本により相続人を確認します。

☑ 相続について自筆証書遺言がある場合には、民法に適合して有効に作成されたものであることを確認します（公正証書遺言の存在は公証役場で相続人が検索できます）。

なお、遺言書（公正証書による遺言を除く）の保管者またはこれを発見した相続人は、遺言者の死亡を知った後、遅滞なく遺言書を家庭裁判所に提出して、その「検認」を請求しなければなりません。また、封印のある遺言書は、家庭裁判所で相続人等の立会いのうえ開封しなければならないことになっています（検認は、遺言の有効・無効を判断する手続きではありません）。

そのほか、「法務局における遺言書の保管等に関する法律」により2020年7月から法務局に自筆証書遺言を保管することができ、遺言者の死亡後は誰でも、自筆証書遺言の「遺言書保管事実証明書」の交付を請求することができます。そこで、保管された遺言

がある場合には「遺言情報証明書」の提出を受けます（検認は不要）。

- ☑ ケース11の場合、金融機関は**事務取扱要領**等に基づき、Aの債務の相続についての遺言の内容を確認し、Cの資力などを勘案して、同意をするか否かを検討することになります。

- ☑ ケース11の遺言による債務の分割について金融機関が同意しない場合には、債務はB・Cの法定相続分に応じて分割されます。

- ☑ ケース11の場合、金融機関は**本部と協議**して、いったん法定相続分に応じて分割された債務を、Bが債務引受をして弁済をするよう交渉する方法が考えられます。

- ☑ なお、根抵当権について、
  ①元本の確定前に根抵当権者（物上保証人）について相続が開始したときは、根抵当権は、相続開始の時に存する債権のほか、相続人と根抵当権設定者との合意により定めた相続人が相続の開始後に取得する債権を担保し、
  ②元本の確定前にその「債務者」について相続が開始したときは、根抵当権は、相続開始の時に存する債務のほか、根抵当権者と根抵当権設定者との合意により定めた相続人が相続の開始後に負担する債務を担保します（ただし、相続の開始後6か月以内に債務者を定める合意の変更登記が必要です。登記をしないと根抵当権は相続開始の時に確定します）。

- ☑ **相続法改正**に関して2020年4月に施行された配偶者居住権に注意しましょう。被相続人の所有であった建物について金融機関が抵当権を有していた場合、抵当権の登記が既にされていれば、配偶者居住権に対して対抗することができます。

(2) 個人貸出先が法人成りしたら新民法でどうする

【個人貸出先の法人成り】

▶金融機関の個人貸出先Aは、税金対策も考慮してB社に法人成りをしたいと連絡があった。Aに対する貸出金には、担保と保証がある。

▶Aの債務をBに承継させるためにはどのような方法があるか。

▶担保と保証をBの債務に移転させるためには、どのような方法があるか。

● 事業上の税金について、所得税よりも法人税のほうが節税になることがあり、取引先が法人成りをすることがよくあります。

● 法人成りによってAの債務や担保や保証が、Bとの取引に直ちに承継されることにはならないので、一般的には債務引受によることになります。

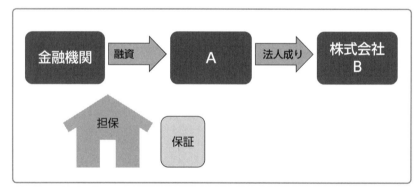

● 債務引受は、旧民法には条文がなく判例・学説により運用されていましたが、**新民法**では、併存的債務引受（従来は重畳的債務引受と呼ばれることが多かった）と、免責的債務引受が明文化されました。

● 併存的債務引受とは、債務者（A）が負担する債務と同一の内容の債務を第三者（B）が契約によって負担する制度です。法人成りでは、新設会社だけでなく今までの個人も契約上残しておいて、双方を債務者とする方法です【68頁参照】。

　併存的債務引受の場合に保証・担保は従来からの債務を担保する

ものとして存続します。担保権については、債務者をAとBとする付記登記をして、根抵当権は被担保債権の範囲に引受債務を追加する変更登記が必要になります【124頁②、ロ・ハ、125頁③参照】。

● 免責的債務引受とは、引受人（B）が債務を負担した後は、元の債務者（A）を免れる契約です。法人成りでは、個人を切り離して債権債務関係を明確にする方法です【71頁参照】。

免責的債務引受では、金融機関が、担保・保証を移転させる場合は、あらかじめまたは同時にその旨の意思表示を引受人に対して意思表示をする必要があります。担保提供者が引受人以外の者である場合には、その担保提供者の承諾を得る必要があります（要変更登記）。

なお、**新民法**では、根抵当権の元本確定前に免責的債務引受契約をした場合には、根抵当権を引受人Bが負担する債務に移すことができない旨の明文規定があるので注意が必要です。根抵当権の被担保債権の中に根抵当権者以外の者が有する債権が混じることは、根抵当権の独立的な性格になじまず、免責的債務の引受が行われた場合にもその債務は根抵当権により担保されなくなるので、保全策を検討する必要があります【新民法398条の7第3項、71頁参照】。ただし、併存的債務引受の場合にはその債務が被担保債権から外れることはありません。

そのほか、Aの債務に付された保証をBが負担することとなる債務に移すときに、Aの債務の保証人が引受人以外の者である場合には、その引受人以外の者の書面（電磁的記録を含む）による承諾を得る必要があります。法人成りについての免責的債務引受では従来の個人債務者を保証人としておくことが一般的です。

● 法人成りしたBでは、Aが代表取締役となることが多くあります。その場合は、取締役と会社間の競業・利益相反取引として株主総会の承認（取締役会設置会社では、取締役会の承認）を取る必要があるので、金融機関はその承認を確認することになります。

☑ 個人貸出先が法人成りした場合には、貸出金の承継方法として、**事務取扱要領**に基づき、債務引受を検討します。

☑ 債務引受には、**新民法**で明文化された、併存的債務引受と免責的債務引受があります。

☑ 併存的債務引受による場合は、保証は引受人に移転しますが、担保権については付記登記等が必要になります。

☑ 免責的債務引受による場合には、第三者保証人は書面による承諾がないと移転しません。また、元本確定前の根抵当権は移転させることができません。Bとの取引の債務を担保させるためには、新たな担保権を設定するか、必要に応じて根抵当権の譲渡（全部・一部・分割）の取扱いについて本部に相談しましょう。

2 法人貸出先の代表者変更は新民法でどうする

【法人貸出先の代表者変更】

ケース 13

▶ 金融機関の貸出先であるＡ社から連絡があり、月末にＢ代表取締役が取締役を退任し、Ｃが代表取締役に就任するとのことだった。

▶ Ｂは、Ａ社の金融機関に対する事業債務について個人貸金等根保証人になっている。

▶ ＢがＡ社の取締役を退任することから、**新民法**による保証意思宣明公正証書を作成する必要がない地位を失うことになるが、保証契約の効力に影響はあるか。

▶ 新任のＣ代表取締役は経営者の経験が浅いため、金融機関は引き続きＢを個人貸金等根保証人としたいと考えているが、経営者保証に関するガイドライン・同特則では、金融機関はどのような検討と説明をする必要があるか。

● 法人貸出先の代表者が変更になった場合は、商業登記簿の全部事項証明書と新代表者の印鑑証明書を添付して、新代表者から代表者変更届の提出を受けます。なお、Ｂと有効に成立した保証契約は退任後も有効です（ただし次頁の特別解約権に注意が必要）。

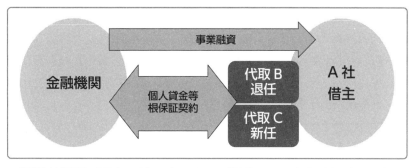

● **経営者保証に関するガイドラインの特則**では、事業承継時の取扱いとして、前経営者と後継者の双方から二重に保証を求めないことを原則としています【117頁参照】。

● 二重徴求が許容される事例としては、

①前経営者が死亡し、相続確定までの間、亡くなった前経営者の保証を解除せずに後継者から保証を求める場合など、事務手続き完了後に前経営者等の保証解除が予定されている中で、一時的に二重徴求となる場合

②前経営者が引退等により経営権・支配権を有しなくなり、本特則第2項(2)に基づいて後継者に経営者保証を求めることがやむを得ないと判断された場合において、法人から前経営者に対する多額の貸付金等の債権が残存しており、当該債権が返済されない場合に法人の債務返済能力を著しく毀損するなど、前経営者に対する保証を解除することが著しく公平性を欠くことを理由として、後継者が前経営者の保証を解除しないことを求めている場合

③金融支援（主たる債務者にとって有利な条件変更を伴うもの）を実施している先、または元金等の返済が事実上延滞している先であって、前経営者から後継者への多額の資産等の移転が行われている、または法人から前経営者と後継者の双方に対し多額の貸付金等の債権が残存しているなどの特段の理由により、当初見込んでいた経営者保証の効果が大きく損なわれるために、前経営者と後継者の双方から保証を求めなければ、金融支援を継続することが困難となる場合

④前経営者、後継者の双方から、専ら自らの事情により保証提供の申し出があり、本特則上の二重徴求の取扱いを十分説明したものの、申し出の意向が変わらない場合（自署・押印された書面の提出を受けるなどにより、対象債権者から要求されたものではないことが必要）

があります。

●そして、例外的に二重保証を求めることが許容される場合には、金融機関はその理由を前経営者と後継者の双方に説明することとしています。

●そのほか、判例上は、特別解約権として次のような一定の事由がある場合には、保証人は根保証契約の主たる債務の元本の確定を請求

する権利があるとされています。その一定の事由には、主債務者と保証人との関係、債権者と主債務者との関係（取引形態）、主債務者の資産状態に著しい事情があった場合等、があります。

●**新民法**の法制審議会の審議過程では、判例で認められている特別の元本確定請求権（特別解約権）を盛り込むことが検討されましたが最終的には取り上げられず、解釈で補うことになりました。

特別解約権とは、根保証契約の保証人は、法定のまたは合意による元本確定期日の到来前であっても、①主債務者と保証人との関係、②債権者と主債務者との関係（取引態様）、③主債務者の資産状態のいずれかに著しい事情の変更があった場合など、一定の特別な事由がある場合には、保証すべき債権の元本の確定を請求することができるとするものです。

なお、経営者保証については、前掲のとおり（1章8・28頁）経営者保証に関するガイドラインと同特則が適用されています。

┌─**チェックポイント**─────────────────┐

☑ 新任代表者に、法人を代表する権利能力と行為能力があることを、**事務取扱要領**に基づき、商業登記簿謄本などにより確認し、変更届を受け付けます。

☑ 退任する代表者が法人の債務の個人貸金等保証人となっている場合には、**事務取扱要領**等に基づき、新任代表者と旧代表者の保証契約について、**経営者保証に関するガイドラインの特則**による保証の二重徴求に該当するかを確認します。

☑ そして、例外的に二重に保証を求めることが許容される、真に必要な場合には、その理由や保証が提供されない場合の融資条件等について、**事務取扱要領**等に基づき、前経営者、後継者双方に十分説明し、理解を得ることが必要です【120頁3、117頁参照】。

貸出利率の変更は新民法でどうする

ケース 14

> ▶金融機関はＡ社に対して事業資金貸出があり経営者でない第三者の個人Ｂが特定債務の保証人になっている。金融機関は貸出利率を引き上げることを検討している。
>
> ▶貸出利率の引上げの場合に金融機関はどのような対応をとればよいか。

● 旧民法には利息の規定はありませんが、**新民法**の消費貸借の改正では、「貸主は、特約がなければ、借主に対して利息を請求することができない」とされました。そして、「貸主は、借主が金銭その他の物を受け取った日以降の利息を請求することができる」とされ、利息は金銭等の授受がされたその当日を含めて発生するとしました。

● 一般的には、利率を変更する場合には、債務者の変更契約書を徴求している場合が多いと考えられます。

● それでは、保証人に利率変更後の利息を請求する場合はどうすべきか考えてみましょう。**新民法**では、「主たる債務の目的又は態様が保証契約の締結後に加重されたときであっても、保証契約は加重されない」と規定されました。

  そうすると、主債務の貸出金の利率を引き上げる場合に、保証人にもその効果が及ぶためには、保証人とも利率引上げについて合意する必要があります。

● 他方で、ケース14の保証人Ｂは、事業融資の第三者保証人であるので、保証意思宣明公正証書の（再）作成が必要になるかを次頁の図により確認する必要があります【21頁参照】。

● なお、監督指針（Ⅱ-3-2-1-2。125頁④ハ）では、「契約書面の作成が馴染まない手形割引や手形貸付については、契約条件の書面化等、契約面の整備を適切に行うことにより顧客が契約内容をいつでも確認できるようになっているか」があります。金利引上げの場合は合

特定債務保証の主債務の金利引上げ	
・新民法施行日後に、特定債務保証である保証意思宣明公正証書を作成した場合 ・新民法施行日後に主債務の金利引上げをして、保証契約の内容を変更する場合	・新民法施行日前に、事業のために負担した貸金等債務の特定債務保証である保証契約を締結した場合に ・新民法施行日後に主債務の金利引き上げをして、保証契約の内容を変更する場合
保証内容が、保証人予定者が締結しようとする保証契約が事業貸金等債務を主債務とする「特定債務保証契約」である場合には、法定口授事項であって、かつ、変更内容が保証人にとって不利益であるか否かにより、保証意思宣明公正証書の（再）作成の要否が判断される。	
主債務の利息等は法定口授事項であるため、金利引上げは不利益変更であることから、保証意思宣明公正証書の（再）作成が必要。保証人の事前の同意が必要。	

意をし、変更がない場合でも計算書を速やかに交付して顧客が確認できるようにしましょう。

●消費者ローン契約書に関係する**新民法**の改正には、定型約款と消費貸借があります。定型約款では、一定の合理性がある場合には、金融機関が契約内容を顧客との個別の合意をしなくても変更できます。

●しかし、実務では一般的には消費者ローンの条件変更をする際には、個別に変更契約を作成し調印しているのではないでしょうか。それでは、定型約款である消費者ローン契約書では一定の要件のもとに個別に顧客と合意することなく契約内容を変更することができるのに、個別合意をして変更することはできるかが疑問になりますが、定型約款に該当する契約書を個別合意して変更することも可能と考えられます。

┌─チェックポイント─

☑ 特定債務の保証人が経営者でない個人第三者保証人である場合には、その特定債務の貸出利率の引上げにより保証意思宣明公正証書を再作成したり、旧民法下の保証契約でも作成する必要があるので、**事務取扱要領**を確認しましょう【125頁④、126頁①参照】。

ケース **15**

▶ 金融機関と融資取引があるＡ社から、Ｂ社と合併するとの連絡が
あった。

▶ 金融機関はＡ社の代表者の配偶者と根保証契約を締結している。

▶ また、Ａ社の工場に根抵当権を設定している。債務者以外の根抵
当権設定者から元本の確定請求を受けた。

▶ 金融機関がＢ社について調査したところ多額の累積赤字を抱えて
いることがわかった。

▶ Ａ社が合併されることにより、金融機関はどのような対応をとれ
ばよいか。

● 合併とは、会社法に基づいて２つ以上の会社が1つの会社になる組
織変更です。

● 合併の種類には、新設合併（新会社を設立して事業を承継する）と
吸収合併（１つの会社を残して事業を承継し、他の会社は解散す
る）があります。

● 債権債務は、新設会社・吸収合併後存続会社に承継されます。

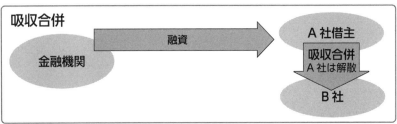

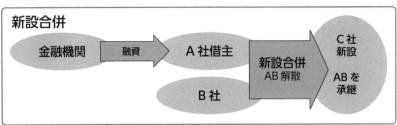

チェックポイント

☑ 吸収合併後に存続するのが株式会社である場合は、**事務取扱要領**等に基づき、「合併契約」を確認します。

仮に、欠損があるＢ社と合併することによりＡ社が損害を受け、信用に懸念があるなどと認めて、合併に異議がある場合には本部と協議のうえ１か月内の一定の期間内に申し出ます。ケース15では、Ｂ社が多額の累積赤字を抱えることから、金融機関の合併会社との取引に影響があるおそれがあるので、**本部に相談**し、異議がある場合には申し出が必要です。

債権者が期間内に異議を述べたときは、消滅する会社は、債権者に対し、弁済し、もしくは相当の担保を提供し、または債権者に弁済を受けさせることを目的として信託会社等に相当の財産を信託しなければなりません（ただし、当該吸収合併等をしても当該債権者を害するおそれがないときを除く）。

☑ 異議を述べなかったときは、金融機関は、その合併等について承認をしたものとみなされます。

☑ 異議がない場合でも、**本部に確認**のうえ必要があれば、金融機関に対する消滅会社の既存の債務が、存続会社に承継されることの確認書を徴求します。

☑ 消滅会社の債務についての保証契約は、存続会社に承継されます（随伴性）。

☑ 消滅会社や根抵当権者について、元本確定前の根抵当権は、消滅会社の債務と存続会社の債務も担保します（398条の９第１項、２項）（債務者変更、所有者移転の登記が必要）。

☑ なお、注意点としては、上記の場合に債務者以外の根抵当権設定者は元本の確定請求をすることができます（請求期限は合併を知ってから２週間または合併の日から１か月）。この期限内に請求したときは担保すべき元本は合併の時に確定したものとみなされます。元本の確定が有効にされたときは新規融資について保全策を検討することになります。

(2) 貸出先法人の会社分割は新民法でどうする

【貸出会社の会社分割】

ケース **16**

▶ 金融機関と融資取引があるＡ社から連絡があり、Ａ社の事業のうちＢ部門を会社分割して新設するＤ社に承継させ、Ａ社のＣ部門はＡ社で事業を継続するとのことだった。

▶ 金融機関が会社分割契約を取り寄せたところ、融資金はＤ社に承継されることになっていた。

▶ 金融機関がＤ社に承継されるＢ部門の収益状況を確認したところ不採算部門であることがわかった。
一方Ａ社に残るＣ部門は高収益部門であった。また、Ａ社の主要な資産はＡ社に残ることがわかった。

▶ Ａ社が会社分割されることにより、金融機関の融資債権にどんな影響があるか。

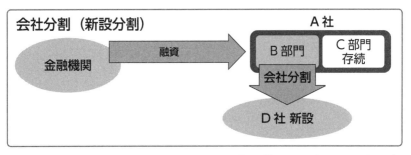

- 会社分割とは、株式会社・持分会社が権利義務を分割により他の会社に包括的に承継させる組織変更です。会社分割の種類には吸収分割（会社の権利義務の一部を吸収分割承継会社が承継する）と、新設分割（新しく設立する株式会社または合同会社に承継させる）があります。

- 会社分割では、分割会社（Ａ社）の収益事業（Ｃ部門）を分割会社（Ａ社）に残し、資産がない分割承継会社（Ｄ社）に債務を移す、詐害的会社分割がされることがあります。

- ケース16の場合、金融機関は、Ｄ社に対して履行の請求をするこ

とができるものの、会社分割後のD社にはめぼしい資産もなく、また優良事業C部門はA社に残り、D社には今後十分な収益も見込めません。D社が倒産手続きに入った場合、本来、優良事業を構成する資産はD社への配当ないし弁済の引当とされていたはずなのに、会社分割の実施によりそれがA社に残ってしまうことになります。

●詐害的な会社分割が行われた場合に、消滅株式会社等の株主が不利益を受けるおそれがあるときは、消滅株式会社等の株主は、消滅株式会社等に対し、新設分割等をやめることを請求することができます（会社法764条4項）。そして、承継されない債権者は、会社法の請求権と民法の詐害行為取消権（424条【94頁参照】）のいずれをも行使することができると考えられます。

●なお、**新民法**による詐害行為取消権の行使が訴訟による必要があるのに対して、会社法による履行請求は訴訟による必要がありません。

チェックポイント

☑ 会社分割は会社法に基づいてされるものなので、「吸収分割契約」または「新設分割計画」を確認し、どのような資産や債務等が分割承継会社に承継されるのか（承継されないのか）を確認します。

☑ 仮に、ケース16のように、会社分割の結果、会社分割前に比べて分割承継会社に見るべき資産がなくなり収益力がないことから金融機関が害されると金融機関が判断する場合には、**本部や弁護士と相談**して必要に応じて対抗策を検討します。

☑ 債権者である金融機関の対抗策としては、民法の詐害行為取消権により会社分割の取消しを請求する方法や（訴訟による必要がある）、会社法により（訴訟による必要がない）、新設分割会社が新設分割設立株式会社に承継されない債務の債権者を害することを知って新設分割をした場合に、新設分割設立株式会社に対して、承継した財産の価額を限度として、当該債務の履行を請求することができます。
【94頁参照】

5 保証人の変動は新民法でどうする

【保証人の変動】

ケース 17

▶金融機関の個人貸出先Aに対する債務について、Bが根保証人となっている。金融機関はBが死亡したことを知った。

▶Bの戸籍謄本を確認したところ、Bの相続人は、妻Cと子Dがいる。

▶金融機関はC・Dに対してどのように対応するのがよいか。

● 人が死亡した場合には、一身専属権を除いて、原則として相続人が承継します【39頁参照】。

● 特定債務の保証人が死亡した場合には、保証債務は相続されます。

● 個人貸金等根保証契約の保証人が死亡したときは、元本が確定し、保証人の死亡時に存在した主債務について、相続人が法定相続分に応じて保証債務を承継します。

● なお、相続人が相続を放棄した場合には、保証債務を負担せず、相続人の全員が相続を放棄すれば、保証債権は相続財産から弁済を受ける方法しかないことになります。そのほか、相続人が限定承認をした場合には、保証債権は相続財産によってのみ返済を受けることになります【40頁参照】。

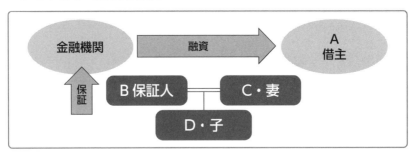

ケース 18

▶金融機関の個人貸出先Aに対する債務について、Bが根保証人となった。金融機関はBが行方不明になったことを知った。

▶金融機関はBに対してどのように対応するのがよいか。

- 有効に保証契約が成立している場合には、保証人が行方不明になっても、保証契約の効力に影響はありません。

  しかし、BがAとの取引の前提となる有力な保証人である場合には、Bが行方不明であることは貸出取引に懸念が生じることになるおそれがあります。

- そこで、金融機関の対応策としては、主債務者に担保の提供を求めたり、（銀行）取引約定書により保証人が行方不明になったことを金融機関が「知ったとき」を期限の利益当然喪失事由としている場合には知ったことの証拠を残し、保証人の預金と相殺する場合には、届出の最終住所に通知をする（第三者との関係で公示送達を検討する）ことが考えられるので、本部や専門家に相談しましょう。

ケース 19

▶金融機関の個人貸出先Aに対する債務について、Bが根保証人となった。金融機関はBが精神上の障害により事理を弁識する能力に懸念があることを知った。

▶金融機関はBに対してどのように対応するのがよいか。

- 保証契約が有効になされた後に、事後的に保証人が行為能力を失ったとしても、保証契約の効力に影響はありません。

- しかし、主債務者との取引の継続中に、保証人が行為能力を失った場合には、個人貸金等根保証契約の延長などの契約内容を不利益変更する場合には（特定債務保証では不利益変更）、成年後見人の代理や、保佐人、補助人の同意が必要になります。

チェックポイント

- [✓] 保証人が死亡した場合には、債務の相続人との引受契約を交渉します。
- [✓] 保証人が行方不明になったときの対応は**本部や弁護士に相談**しましょう。
- [✓] 保証人の事理を弁識する能力に懸念があり、行為能力が疑われる場合に、条件変更をする場合には、**本部に相談**し成年後見人等を選任するように交渉しましょう。

6 保証人の加入・脱退・交替があると 保証契約は新民法でどうする 【保証人の変動】

ケース 20

▶金融機関の個人貸出先Aに対する債務について、BとCが保証人となった。その後、保証人Cが脱退し、保証人Dが加入した。

▶金融機関はB・C・Dに対してどのように対応するのがよいか。

● まず、保証人Bと保証人Cが加入する場合には、各保証人の保証意思を確認します。

● そして、Cが脱退しDが交替する場合に、既存の保証人Bに対してどのように対応するかが、**新民法**の下での検討課題になります。

● 旧民法下の解釈では、保証人の交替は既存の保証人を不利益にするものではないから、既存の保証人の同意は不要と考えられていました。

● **新民法**では、連帯保証人の一人についての時効の完成や、連帯保証人の一人に対する請求が相対効（債務者や他の連帯保証人には効果が及ばない）となりました。

　その改正に対して、**新民法**の下で連帯保証人の一人に対する請求を特段の合意により絶対効とすることが多いことから、既存の保証人Bに対してどのように対応するのがよいかについて、議論がされています。

● **新民法**では連帯保証人・連帯債務者の一人についての時効の完成が相対効とされ、他の連帯保証人・連帯債務者・主債務者には時効完成とならず、引き続き請求をすることができます。

　そうすると、次頁の図のように、絶対効化について合意をした連帯保証人・連帯債務者であっても、その交替等があった場合には連署をしたり、通知をすることが安全との考え方があります【113頁6、122頁ハ、123頁ニ・ホ・ヘ参照】。

● 次頁の図では、①で、保証人BとCが連署して絶対効化の合意をした後に、②ではCが脱退してDが交替して加入しています。②の場

合に、絶対効とする合意を債務者・B・Dが連署により合意する方法があります。しかし③のように、Bと合意をしていないときは、Bに通知等をすることが考えられます。

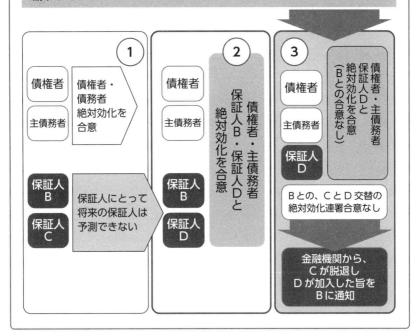

連帯保証人の一人に対する請求を、絶対効化することの合理性についての意見

合理性が問題になるとの指摘
新民法で時効の完成は、相対効化した…請求を絶対効化させる必要性は低下している

①
債権者
主債務者
債権者・債務者
絶対効化を
合意
保証人B
保証人C
保証人にとって
将来の保証人は
予測できない

②
債権者
主債務者
保証人B
保証人D
債権者・主債務者
保証人B・保証人D
と
絶対効化を合意

③
債権者
主債務者
保証人D
債権者・主債務者
保証人D
と
絶対効化を合意
（Bとの合意なし）

Bとの、CとD交替の
絶対効化連署合意なし

金融機関から、
Cが脱退し
Dが加入した旨を
Bに通知

━チェックポイント━

☑ 保証人が、加入・脱退・交代する場合についての取扱い方法について、皆さんの金融機関の保証人等の交替時の対応方法を**事務取扱要領**等により確認しておきましょう【122頁参照】。

7

主債務の変更で保証契約は新民法でどうする

ケース21

▶金融機関の貸出先Ａに対する事業融資債務について、第三者の個人のＢが保証意思宣明公正証書を作成して個人貸金等根保証契約を締結して保証人となった。

▶Ｂとの貸金等根保証契約の元本確定期日が、３か月後となった。

▶金融機関はどのような対応をするのがよいか。

● 個人貸金等根保証契約の元本確定期日を延長・更新する場合には、保証債務を加重するものなので、**新民法**では保証人と合意をする必要があります。

● そのほか、**新民法**ではケース21のような保証意思宣明公正証書を作成した個人貸金等根保証契約の元本確定期日を延長・更新する場合には、根保証の元本確定期日は法定口授事項であることから、保証意思宣明公正証書の再作成が必要になります【21頁参照】。

根保証契約の更新・延長	
・新民法施行日後に、根保証である保証意思宣明公正証書を作成した場合 ・新民法施行日後に根保証契約の更新・延長をする場合	・新民法施行日前に、事業のために負担した貸金等債務の根保証である保証契約を締結した場合に ・新民法施行日後に根保証契約の更新・延長をする場合
保証内容が、保証人予定者が締結しようとする保証契約が事業貸金等債務を主債務とする「根保証契約」である場合では、法定口授事項であって、かつ、変更内容が保証人にとって不利益であるか否かにより、保証意思宣明公正証書の（再）作成の要否が判断される。	
根保証契約の極度額・元本確定期日は法定口授事項であり、その延長・更新は不利益変更であることから保証意思宣明公正証書の（再）作成が必要。保証人の事前の同意が必要	

● 次に、**新民法**が施行された2020年４月より前に貸金等根保証契約が締結された場合の対応を考えてみましょう。

新民法施行前の契約には新民法の規定は適用されないのが原則ですが、保証意思宣明公正証書の法定口授事項の変更であって、かつ、保証人にとって不利益となる変更は、保証契約の重要な部分の変更となり、保証人の意思により新たな保証契約が締結されたとみることができるので、保証意思宣明公正証書の作成が必要になると考えられます。

●他方で、法定口授事項以外の変更をする場合（たとえば主債務の金利引上げ等）では、保証債務の同一性に変更を及ぼさない限りは、公正証書の再作成は不要です【21頁参照】。

根保証契約の主債務の金利引上げ	
・新民法施行日後に、根保証である保証意思宣明公正証書を作成した場合 ・新民法施行日後に根保証契約の主債務の金利引上げをする場合	・新民法施行日前に、事業のために負担した貸金等債務の根保証であるとする保証契約を締結した場合に ・新民法施行日後に根保証契約の主債務の金利引上げをする場合
保証内容が、保証人予定者が締結しようとする保証契約が事業貸金等債務を主債務とする「根保証契約」である場合では、法定口授事項であって、かつ、変更内容が保証人にとって不利益であるか否かにより、保証意思宣明公正証書の（再）作成の要否が判断される。	
根保証契約の主債務の金利は法定口授事項ではなく、保証意思宣明公正証書の（再）作成は不要。	

チェックポイント

☑ 不利益変更は、保証人の同意を徴求しましょう。そのほか、保証意思宣明公正証書の再作成の要否は、変更事項が公正証書作成の際の法定口授事項であるかによります。

☑ 新民法施行日前に締結した保証契約でも、公正証書を作成する必要がある場合があるので、**事務取扱要領やマニュアル**を確認しておきましょう【113頁6、126頁①参照】。

8

弁済があったら充当は新民法でどうする

ケース 22

> ▶金融機関の貸出先Ａに対する融資について、Ａが期限前弁済をするとの申し出があった。
> ▶金融機関は、債務の充当についてどのような対応を取ればよいか。

● 債務者が債権者に対して「弁済」をしたときは、その債権は消滅します（473条）。

● 新民法では、消費貸借の「期限前弁済」によって、貸主（金融機関）が現に損害を受けたときは、貸主はその損害を請求することができるとされました。しかし、これが認められるのは高額の貸付のように期限前弁済を受け取ったとしても金銭を再運用することが実際上困難であるケースなどに限られると考えられます（特約がある場合を除く）。

● 「弁済の充当」は、債務者が同一の債権者に対して数個の債務を負担している場合などに、弁済をする者がした給付がその債務の全額を消滅させるに足りないときは、その給付をどの債務の弁済に充てるべきかを定めることです。

● また、弁済をする者がその債務の全額を消滅させるに足りない給付をしたときは、民法では原則としてこれを順次に、まず費用、次いで利息、最後に元本に充当します（489条）。

　弁済の充当について、元本利息および費用を支払うべき場合のその相互間での充当について指定をすることが可能です（488条、489条）。

● そして、**新民法**では充当の合意が当事者間である場合にはその合意に従って充当されます（490条）。

● 金融機関の（銀行）取引約定書では、一般的には、弁済または差引計算の場合、「私の債務全額を消滅させるに足りないときは金融機関が適当と認める順序方法により充当することができ、その充当に

対しては異議を述べません」とする充当合意があります。この特約
条項によって債務者は充当指定権を放棄し、金融機関はこの合意に
よって充当することができます。

●そのほか、相殺の充当についても、上記の合意によることができます。

●なお、次の判例は不動産競売における配当については、特約でなく
法定充当（民法489条、改正前491条）によるべきものとしていま
す。

●判例：昭和62年12月18日 最高裁第二小法廷 判決 貸金請求事件

〔要旨〕
・不動産競売手続における配当金が同一担保権者の有する数個の被担
保債権のすべてを消滅させるに足りない場合と弁済充当の方法
・不動産競売手続における配当金が同一担保権者の有する数個の被担
保債権のすべてを消滅させるに足りない場合には、弁済充当の指定
に関する特約があっても、その配当金は、民法489条ないし491条
の規定に従って右数個の債権に充当される。

●〔参考〕 法制審・民法（債権関係）部会第47回会議 議事録7頁

【中井委員（弁護士）意見】不動産の通常の競売では、裁判所において
法定充当を前提に計算したものを各債権者が受領する。しかし、受領
した後どういう処理をしているかというと、必ずしも裁判所の計算し
たとおりに法定充当をしていなくて、銀行債権者にとっては、もはや
債権回収不可能な、困難な債権については元本から充当して、わざわ
ざ利息として利益を上げて税金を払うようなことはしない、こういう
実務があることは間違いがない。

チェックポイント

☑ 弁済の充当について、債務の全額を消滅させるに足りないときは、
充当合意があれば、**新民法**では合意に基づいて充当することがで
き、一般的な（銀行）取引約証書には充当合意があります。

☑ 相殺の充当について、債務の全額を消滅させるに足りないときは、
充当合意があれば、合意に基づいて充当することができ、一般的
な（銀行）取引約定書には充当合意があります。

9

保証人から担保保存義務違反を主張されたら新民法でどうする　【担保保存義務】

ケース23

> ▶金融機関の貸出先Ａに対する融資について、ＢとＣが保証人になった。
>
> ▶その後、Ｂから保証人脱退の申し出があり、金融機関はＢの脱退によってもＡの保全上問題ないと判断して、Ｂの保証脱退を了承した。
>
> ▶後日Ａが倒産したため金融機関がＣに対して保証債務履行を請求したところ、Ｃは金融機関に担保保存義務違反があるとして弁済を拒絶した。
>
> ▶金融機関は、Ｃに対してどのような対応を取ればよいか。

- 金融機関の融資では、第三者の担保提供や保証がある場合に、債務者の経営状況の変化に応じて、担保や保証の一部解除や差替えが必要になることがあります。

- 旧民法では、上記の解除や差替えが債権者による担保の喪失に該当し、金融機関（債権者）としては合理的なものであると考えても、担保保存義務違反とならないように、保証人等の法定代位権者全員の個別の同意を得る必要があり、同意が得られない場合には担保の差替えや一部解除に応じることができず、債務者の経営状況の変化に伴う機動的な対応が困難になっているとの指摘がありました。

- 旧民法下でも、一般的な金融機関の保証条項では、「金融機関がその都合によって担保もしくは他の保証を変更、解除しても免責を主張しません」とする担保保存義務免除特約を定めています。

- そして、判例は、民法504条の「免責」は、本条が任意規定であることから免責の主張を行わないことを特約すること自体は有効とされているのであるが、これは、あくまで特約当事者間で免責を主張しないことを約するに過ぎないもので、責任消滅の効果の発生まで否認するものではない、としています（平成7年6月23日最高裁第二小法廷判決）。こうして、この特約の効力には限界があるとも

考えられています。

● **新民法**では、担保・保証の喪失や減少について「取引上の社会通念に照らして合理的な理由があると認められるとき」は、保証人等は担保の喪失または減少によって償還を受けることができなくなる限度においてその責任を免れることはありません。そして、**新民法**下でも担保保存義務免除特約は有効とされています。

● そうすると、担保保存義務免除特約が締結されている場合には、代位権者から金融機関に対して、金融機関の故意または過失により担保の喪失があったと主張された場合には、金融機関は担保保存義務免除特約があることを主張することができます。

　そして、保証人等の代位権者は、金融機関に信義則違反や権利濫用があることを主張する必要があります。

● なお、旧民法下の左記判例は、金融機関は、第三取得者に対しても、担保保存義務免除特約の効力を主張することができるとしています。

チェックポイント

☑ **新民法**においても、担保保存義務免除特約は有効であり、金融機関は代位権者のほか第三取得者やその特定承継にも特約を主張することができます。

☑ 保証条項に担保保存義務免除特約がある場合には、保証人等の代位権者が信義則違反または権利濫用を主張する必要があります。

☑ 実務上は、担保解除等の場合には「合理的な理由」があるかを検討し、**事務取扱要領**を確認し、その都度、保証人・物上保証人の同意を徴求することが安全です。

10 第三者から弁済の申し出があったら 新民法でどうする

【第三者弁済】

ケース 24

> ▶金融機関の貸出先Aに対する融資について、面識がない第三者B
> が弁済をすると金融機関に対して申し出た。
>
> ▶この第三者弁済を金融機関が受け入れてよいかについて、金融機
> 関がAに連絡を取ったが、意思確認はできていない。
>
> ▶金融機関は、AとBに対してどのような対応を取ればよいか。

- 弁済は、本来は、本人がするものですが、債務者以外の第三者は一定の条件のもとに弁済（第三者弁済）をすることができます。

- なお、物上保証人や、担保不動産の担保取得者、後順位抵当権者などは、利害の関係を有する第三者です（**新民法**474条2項では「弁済をするについて正当な利益を有する者」）。

- 一方、第三者弁済は、親族などであるだけで「弁済をするについて正当な利益を有する者」でない第三者であり、第三者が自分の名前で、他人の債務として弁済するものです。

- 第三者弁済は、「債務者の意思に反して」された場合には、その弁済は無効になります。

- そこで、金融機関としては、第三者弁済が債務者の意思に反しないことを確認する必要があり、どの程度の確認をすべきかが検討事項になるので、皆さんの金融機関のマニュアルなどで第三者弁済の対応方法を確認しておきましょう。

- そのほか、第三者弁済は、債権者である金融機関の意思に反してすることができません。金融機関が弁済をするについて正当な利益を有する者でない第三者による弁済については、そのようなものによる弁済を受けることを金融機関が望まない場合には（反社等）、その意思を尊重するため、第三者は原則として債権者の意思に反して弁済をすることができません。

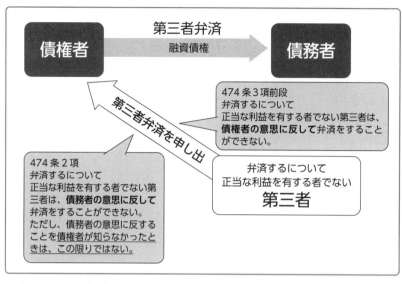

上の図は、前頁の第三者弁済の概要をまとめたものです。

チェックポイント

- ☑ 第三者弁済の申し出があった場合には、申出人が「弁済をするについて正当な利益を有する者」であるのか否かを確認します。

- ☑ そして、第三者弁済が、第三者が本人として弁済し、第三者が他人の債務として弁済することを確認します。

- ☑ 次に、第三者弁済を受けることが債務者の意思に反するか否かを確認する必要があります。

  その意思確認は、債務者が反対の意思を表示したことを必要とせず、諸般の事情から反対の意思が認定されればよいとする旧民法下の判例があります。また、別の判例では、第三者の弁済が債務者の意思に反するかどうかについては、意思に反することを主張する者が証明する必要があるとしています。

  どの程度の債務者の意思確認をするかについては、皆さんの金融機関の**事務取扱要領**等を確認し、**本部に相談**して対応しましょう。

- ☑ なお、債権者である金融機関の意思に反して第三者弁済をすることはできないので、その第三者の属性などにより、金融機関が受領の是非を判断することができます。

11

第三者弁済を受けると弁済者の代位は新民法でどうする 【第三者弁済と代位】

> ▶金融機関の貸出先Aに対する融資について、第三者Bが弁済をすると金融機関に対して申し出た。
>
> ▶この第三者弁済を金融機関が受け入れてよいかについて、金融機関がAに第三者弁済を受けることについての意思確認をしたところ、反対しないとの回答を得たので、金融機関はBの第三者弁済を受けた。
>
> ▶金融機関は、AとBに対してどのような対応を取ればよいか。

● 債権者である金融機関が第三者弁済を受領したときは、**新民法**では債権者の承諾が不要で、債権者に代位します（499条）。債権者が第三者弁済を受けたにもかかわらず、承諾しないことは不合理であるとして、承諾を要するとしていた旧民法が改正されました。

● なお、弁済するについて正当な利益を有する者以外の者が債権者（金融機関）に代位する場合は、対抗要件を備える必要があります（500条）（同条は、債権譲渡の対抗要件（467条）を準用し、債務者に通知をしまたは債務者が承諾をしなければ、債務者その他の第三者に対抗することができない）。

そして、第三者弁済をした者は、付記登記をしなければ不動産の第三取得者等に対抗することができません。

弁済による代位は、債務者・第三者にとっては、誰が代位弁済者であるか、移転したかがわからないので、債務者対抗要件と第三者対抗要件（抵当権の登記に付記登記等）が必要になります。

● 債権の一部について代位弁済があったときは、代位権者は債権者（金融機関）の同意を得て、その弁済をした金額に応じて、債権者とともにその権利を行使することができます（502条1項）。

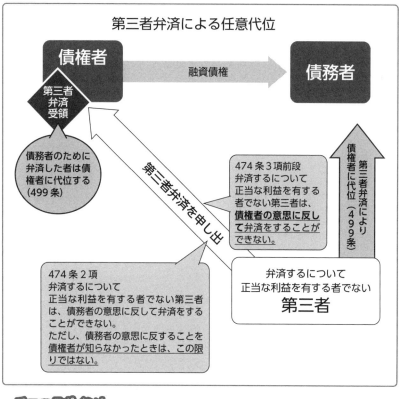

第三者弁済による任意代位

債権者 ──融資債権──→ 債務者

第三者弁済受領

債務者のために弁済した者は債権者に代位する（499条）

第三者弁済を申し出

474条3項前段
弁済するについて正当な利益を有する者でない第三者は、**債権者の意思に反して弁済をすることができない。**

弁済するについて正当な利益を有する者でない
第三者

474条2項
弁済するについて
正当な利益を有する者でない第三者は、債務者の意思に反して弁済をすることができない。
ただし、債務者の意思に反することを債権者が知らなかったときは、この限りではない。

第三者弁済により債権者に代位（499条）

── **チェックポイント** ──

☑ 第三者弁済を金融機関が受けてよいかについては、前掲のように、債務者の意思に反して弁済ができませんが、**新民法**では、債権者の意思に反しても弁済をすることができません。そして、債権者である金融機関が第三者弁済を受けた以上はその後の担保や保証等の帰属について独自の利益を有しているとはいえないので、旧民法の規定である第三者弁済者が債権者に代位するためには債権者の承諾を要するとする規定は**新民法**で削除されました。

☑ そこで、金融機関が第三者弁済を受ける場合には、弁済者が金融機関に代位することも勘案して、**本部に相談**して、第三者弁済を受領するか否かを慎重に判断する必要があります。

12

併存的債務引受をするときは
新民法でどうする

【併存的債務引受】

ケース 26

▶ 金融機関は貸出先Aに対して融資がある。融資実行後Aが行方不明になり、返済が滞っていた。

▶ Aの配偶者のBは、Aの債務を併存的債務引受して、約定返済を続けたいと金融機関に申し出た。

▶ 金融機関は、AとBに対してどのような対応を取ればよいか。

● 債務引受とは、債務者が負担する債務と同一の内容の債務を契約によって第三者が負担する制度です。第三者が債務を負担した後も元の債務者が引き続き負担する「併存的債務引受」(重畳的債務引受)と第三者が債務を負担した後は元の債務者がその債務を免れることになる「免責的債務引受」があり、**新民法**で明文化されました。

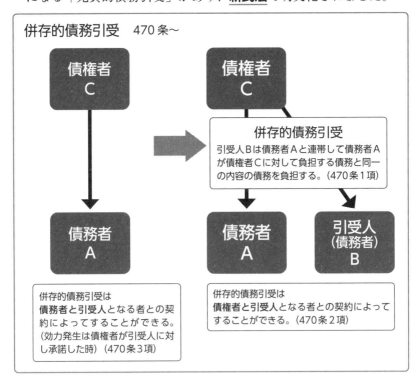

併存的債務引受　470条〜

債権者
C

債権者
C

併存的債務引受
引受人Bは債務者Aと連帯して債務者Aが債権者Cに対して負担する債務と同一の内容の債務を負担する。(470条1項)

債務者
A

債務者
A

引受人
(債務者)
B

併存的債務引受は
債務者と引受人となる者との契約によってすることができる。(効力発生は債権者が引受人に対し承諾した時) (470条3項)

併存的債務引受は
債権者と引受人となる者との契約によってすることができる。(470条2項)

- 併存的債務引受は、①債権者・引受人間の契約によってすることができ、そのほか、②債務者・引受人間の契約によってもすることができます（効力発生は債権者が引受人に対して承諾をしたとき）。そして、引受人は債務者と連帯して債務を負担します。
- ケース26の場合ではBが併存的債務引受をするとBは債務者Aと連帯債務者になります。
- 連帯債務について**新民法**では重要な改正がありました。旧民法では連帯債務の場合は、連帯債務者の一人についての時効の完成は絶対効です。そこで、上の例で併存的債務引受をしたBが返済を続けていたところ、時効期間経過後にAが現れて時効完成を主張して時効を援用すると、金融機関は回収ができませんでした（Aとは負担割合が協議できずBの負担部分がゼロの場合）。しかし、**新民法**では連帯債務者の一人についての時効完成は相対効とされ、金融機関はBに請求をすることができます。
- 新民法により併存的債務引受の使い勝手がよくなった理由としては、上記のように時効の完成が相対効になったことがあります。

  他方で、新民法による相対効化の注意点としては、連帯債務者・連帯保証人の一人に対する請求が相対効になったことがあります。新民法下で連帯保証人や連帯債務者の一人に対して裁判所が関与した請求をしても、債務者や他の連帯保証人等には請求の効果が及びません。
- そこで、請求に絶対効を持たせるための一般的な新民法の実務対応としては、保証条項改訂により、保証人の一人に対して金融機関が請求をしたときは債務者および連帯保証人に対してもその効力が及ぶとしているのではないでしょうか（連帯債務についても同様）。ただし、2章14（74頁）のような意見があるので対応に注意をしましょう。

ケース 27

▶金融機関Ｃの個人貸出先Ａは、税金対策も考慮してＢに法人成り
を計画している。Ａに対する貸出金には、担保と保証がある。Ａ
の債務をＢに承継させるために併存的債務引受をする場合はどの
ような対応をとればよいか。

▶担保と保証をＢの債務に移転させるためには、どのような方法が
あるか。

● 個人事業主が法人成りした場合には、法人とともに個人も債務者と
して残しておくために、担保・保証を移転させることができる併存
的債務引受がよく使われています。

● 併存的債務引受による場合は、個人が債務者として残るため既存の
債務についての担保・保証が存続しますが、法人も債務者に加わり、
法人の債務についても担保・保証の対象とするためには、法人の債
務について保証する旨や、担保権は債務者を個人と法人として、被
担保債権の範囲に引受債務を追加することができます。

● 個人事業主の債務を法人に移転する場合には、個人事業主が法人の
取締役になることが多く、取締役と会社間の利益相反取引に該当し、
取締役会等の承認を得る必要があるので（会社法356条、365条）、
金融機関はその承認の事実を確認する必要があります。

チェックポイント

☑ 併存的債務引受は、**新民法**で明文化され、要件が明確化され、担
保や保証を移転する場合の選択肢になります。また、連帯債務者
の一人についての時効の完成が相対効になったので、**事務取扱要
領**を確認し**本部にも相談**してマスターしておきましょう。

13 免責的債務引受では担保・保証の移転は新民法でどうする

【免責的債務引受】

ケース 28

▶金融機関の個人貸出先Aは、税金対策も考慮してB社に法人成り
　を計画している。Aに対する貸出金には、担保と保証がある。

▶Aの債務をBに承継させるために免責的債務引受をする場合はど
　のような対応をとればよいか。

▶担保と保証をBの債務に移転させるためには、どのような方法が
　あるか。

● **新民法**で明文化された免責的債務引受の内容は、引受人と債権者と
の契約によってすることができます。

● その場合は債権者が債務者に通知をしなければ効力が生じません
（債務者が行方不明の場合は公示送達により意思表示します（民法
98条））。そのほか、債務者と引受人との免責的債務引受によって
もすることができますが、その場合は債権者の承諾が必要です。

● 免責的債務引受の引受人は、債務者が債権者に対して負担する債務
と同一の内容の債務を負担し、債務者は自己の債務を免れます。

● 免責的債務引受では、債務者が負担していた債務の担保として設定
された担保権と保証を、引受人が負担する債務に移転することがで
きます。

　この場合には、債権者は免責的債務引受の前または同時に引受人
に対して、担保または保証を移転させる旨の意思表示が必要です。
そして、移転する担保や保証を引受人以外の者が設定している場合
には、その者の承諾を得る必要があります。なお、確定前の根抵当
権は引受人が負担する債務に移すことができないので（398条の7
第3項）、必要に応じて根抵当権の譲渡（全部・一部・分割）の取
扱いについて本部に相談しましょう。

　保証人のその承諾は書面または電磁的記録による必要があります。

● 併存的債務引受と免責的債務引受との比較として、求償権の有無が

第1章 契約締結

第2章 日常・途上管理

第3章 債権回収

あります。

　併存的債務引受は、引受人と債務者が連帯債務の関係になるので、債務者間で求償することができます。しかし、免責的債務引受は、引受人は債務者に対して求償権を有しません。そこで、今まで使われることが少なかった免責的債務引受を使う場合には、求償権がないことのトラブルを防ぐためには、債権者である金融機関は引受人に対して当然には求償権を取得しないことを説明することが考えられます。一方、債務者と引受人との間で求償権を発生させるのであれば、債務者と引受人は合意する必要があるので、金融機関が引受人に対して説明して、確認書を徴求する方法が考えられます。

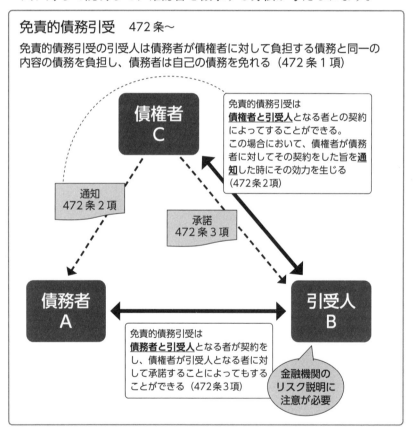

免責的債務引受　472条～

免責的債務引受の引受人は債務者が債権者に対して負担する債務と同一の内容の債務を負担し、債務者は自己の債務を免れる（472条1項）

債権者
C

免責的債務引受は**債権者と引受人となる者との契約**によってすることができる。この場合において、債権者が債務者に対してその契約をした旨を**通知**した時にその効力を生じる（472条2項）

通知
472条2項

承諾
472条3項

債務者
A

引受人
B

免責的債務引受は**債務者と引受人となる者**が契約をし、債権者が引受人となる者に対して承諾することによってもすることができる（472条3項）

金融機関のリスク説明に注意が必要

●免責的債務引受により相続人に行方不明者がいても相続債務を一人の相続人が承継することができます。

　旧民法では相続人に行方不明者がいるときに、免責的債務引受により相続債務を一人の相続人に承継させることは、判例により行方不明の意思に反するか否かが確認できないので利用されてきませんでした。新民法では前掲のとおり、債権者が債務者に通知して（行方不明の場合は公示送達により）、引受人（相続人の一人）と債権者（金融機関）の契約によってすることができます。

┌─ **チェックポイント** ─────────────────────────
│
│ ☑ 免責的債務引受は、**新民法**により債務者の意思に反してもすることができることになり、債務者に通知する方法によればよく、行方不明の場合には公示送達をすることにより有効にすることができます。
│
│ ☑ 免責的債務引受では、担保や保証を引受人の債務に移転させるためには、担保は契約の前または同時に債権者に意思表示して承諾を得る必要があります（保証では、書面または電磁的記録による承諾が必要）。
│
│ ☑ 旧民法であまり使われることがなかった免責的債務引受が、**新民法**の下で使われるようになる場合の注意点があります。その内容は、引受人は債務者に求償することができず、求償することを債務者と引受人の間で合意をする必要があることを、金融機関が説明することが必要なので、**事務取扱要領**を確認しましょう【124頁②参照】。
│
└────────────────────────────────────

債務引受の新民法での利用方法拡大は どうする

【債務引受の利用方法拡大】

▶新民法では、債務引受の取扱い方法が条文により明確になり、併存的債務引受と免責的債務引受の使い勝手がよくなったと聞いた。

▶金融機関はどのような利用方法をとることが考えられるか。

● **新民法**では債務引受の使い勝手がよくなりました。

● 旧民法下の債務引受には、併存的債務引受では連帯債務者の一人に対する請求や、連帯債務者の一人についての時効の完成が絶対効であることから当事者の権利関係が複雑になる問題がありました。また、免責的債務引受は、債務者が行方不明の場合には債務者の意思に反するか否かを確認できないので使われてきませんでした。

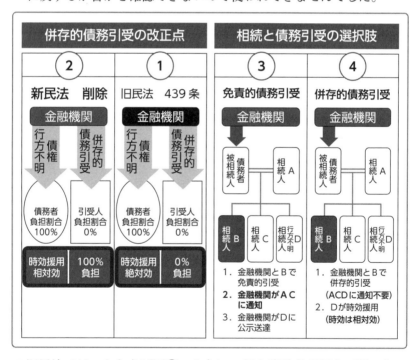

● 旧民法では、たとえば図①のように、個人債務者が行方不明になって延滞となった場合に、引受人が併存的債務引受をすることがあり

ます。

- この場合は、債務者と引受人の関係は連帯債務になりますが、債務者と引受人は債務の負担割合について協議をすることができないので、結果的に引受人の債務の負担割合は０％と考えられます。そして、数年後に債務者が現れて債務の時効を援用した場合には、旧民法では連帯債務者の一人についての時効の完成は絶対効なので、債務は全額消滅すると考えられていました。しかし、**新民法**では、連帯債務者の一人についての時効の完成は相対効なので、図②のように、金融機関は引受人に対して債務全額の履行を請求することができます。

- そのほか、免責的債務引受は債務者の意思に反してはできないと判例でされていましたが、**新民法**では、債務者に通知をすれば免責的債務引受ができるようになりました（債務者が行方不明の場合には公示送達によることができます）。

- そこで、③④のような場合にも、使い勝手がよくなった債務引受をマスターして活用しましょう。

- 併存的債務引受は他人の債務の信用を補完する点で、保証と類似しています。

  しかし、債務の引受が相当の対価を伴う場合や、引受人が自己の債務として弁済する意思がなく、保証意思宣明公正証書の作成を回避することのみを目的として行われる場合には、事後的にその法的性質が争われたときに、保証であったと判断されることにより、保証の規定が適用され、保証意思宣明公正証書が作成されていないので保証は無効とされるおそれがあると考えられます。

チェックポイント

 新民法により、債務引受の使い勝手がよくなったので、注意点を確認し、**本部に相談**して、取扱い方法をマスターしましょう【126頁①参照】。

ケース30

> ▶金融機関Cは貸出先Aとの取引があり、AはBに保証を委託して、BはAの金融機関に対する特定債務の保証人になった。
>
> ▶融資実行の2年後に、Bは金融機関に対してAの債務の履行状況の情報開示を請求した。
>
> ▶金融機関はどのような対応をとればよいか。

- **新民法**では債権者（金融機関）の保証人に対する保証契約締結後の情報提供義務が設けられました。

- 金融機関が「遅滞なく」この情報提供義務の履行をすることを怠り、保証人が損害を被った場合には、保証人は金融機関に対して生じた損害の賠償を請求することができます。

- **新民法**では、保証人から請求があった場合の、債権者（金融機関）が情報提供義務を負う保証人の属性は、債務者から委託を受けた法人・個人で、事業融資・非事業融資が対象になります。

- 他方で、主債務の履行状況の情報は主債務者の信用にかかわる事項なので、主債務者から委託を受けていない保証人は**新民法**の情報提供請求をすることはできません。

- **新民法**では、保証人が主債務者の委託を受けて保証をした場合には、金融機関（債権者）は保証人の請求があったときは、遅滞なく、主債務の元本債務、利息・違約金・損害賠償などの従たる債務について、それぞれの不履行・履行遅滞に加えて、未払いの各債務残額、そのうちの弁済期到来分の額についての情報を提供する必要があります。

- これらの情報は、保証人が現時点または将来に負う責任の内容を把握するために必要なものです。

金融機関の保証人に対する情報提供通知書の文案

主たる債務の履行状況に関する情報提供請求

通知書

貴殿から民法 458 条の 2 に基づき請求があった、貴殿保証にかかる○○殿の主たる債務等に関する 2021 年 5 月 1 日現在の情報は以下のとおりです。

記

主たる債務の元本・利息・違約金・損害賠償その他の主たる債務に従たるものについての内容は以下のとおりです。

①不履行の有無、

②残額　　　円

③弁済期が到来しているものの額　　　円

主たる債務者が期限の利益喪失をした場合の情報提供

通知書

貴殿保証にかかる○○殿は、2021 年 5 月 1 日付けにて、当金融機関に対する下記債務の期限の利益を喪失しましたので、保証人である貴殿に通知いたします。

ついては、本書到達の日から○日以内に下記金額をお支払いください。

記

元金残高　　　円

利息　　　　　円

損害金　　　　円

到達の確認欄
未着は公示送達検討

チェックポイント

☑ 情報提供を請求することができる保証人の範囲には注意が必要です。その保証人の範囲は、事業・非事業の融資について、法人・個人を問わず、委託がある保証人です。

☑ 情報提供義務にもれなく対応するためには、79 頁の図のようなチェックリストを設けることが考えられるので、**事務取扱要領**により確認して対応しましょう【124 頁ト参照】。

16 旧民法下の保証契約の情報開示請求対応は 新民法でどうする 【旧民法下の保証契約の情報提供義務】

ケース 31

▶金融機関の貸出先Ａへの追加事業融資をするにあたり、2015 年
4 月 1 日に金融機関は個人Ｂと保証契約を締結した。

▶ 2021 年 4 月 1 日、金融機関はＢからＡの債務の履行状況の開
示請求を受けた。

▶金融機関にはどのような対応方法があるか。

● **新民法**では保証人から請求があった場合に、債権者（金融機関）が
情報提供義務を負う保証人の属性は、債務者から委託を受けた法
人・個人で、事業融資・非事業融資が対象になります。

● 債権者に対して情報を求めることができる保証人は、委託を受けた
保証人に限定されます。その理由は、債務不履行の有無や主債務の
額などは主債務者の信用などに関する情報なので、主債務者の委託
を受けていない場合にまでこれらの情報を請求する権利を与えない
とするものです。

● そして、**新民法**の保証人に対する情報提供義務は、**新民法**施行日で
ある 2020 年 4 月 1 日以後に締結された保証契約に適用されます。

● そこで、ケース31 のように、**新民法**施行日前の保証契約を締結し
た保証人から、債務の履行状況の開示の請求を受けた場合には、主
債務者に確認して回答することが考えられます【124 頁ト参照】。

チェックポイント

☑ 保証人に対する情報提供義務は、2020 年 4 月 1 日以後に締結さ
れた保証契約に適用されます。こうした情報提供の相手方を確認
して対応しましょう。

☑ 2020 年 4 月 1 日前に締結された保証契約の保証人から、債務の
履行状況等の情報開示請求があった場合には、本人に承諾を得る
などについて**本部に確認**しましょう。

債権者（金融機関）の保証人に対する情報提供義務		
情報提供の内容	開示請求 （458条の2）	期限の利益喪失 （458条の3）
情報提供義務違反の 効果	債務不履行の一般原則 による（415条）	2か月以内に通知をし なかったときは、遅延 損害金を請求できない
保証人の属性	個人・法人	個人
事業・非事業	事業・非事業	事業・非事業
保証委託の有無	委託がある保証人	委託の有無に かかわらず

債権者（金融機関）の保証人に対する、保証契約締結後の情報提供義務

保証人からの
主たる債務の
履行状況の
情報提供の請求

458条の2

確認欄

委託がある
保証人

確認欄

保証人は
法人・個人とも
対象

事業・
非事業貸出とも
対象

確認欄

情報提供内容
主たる債務の元本・
利息・違約金・損
害賠償その他のそ
の債務に従たる全
てのものについて
の
①不履行の有無
②残額
③弁済期が到来し
ているものの額

確認欄

債務者が
期限の利益喪失
をした場合の
情報提供義務

458条の3

確認欄

委託の有無
を問わず
保証人

確認欄

保証人は
個人のみ対象

事業・
非事業貸出とも
対象

確認欄

情報提供内容
主たる債務者が期
限の利益を喪失し
たときから2か月
以内に、
その旨を通知
**未着は、公示送達
を検討する必要が
あるか？**

確認欄

17 (1) 時効期間は新民法でどうする

【時効期間】

ケース **32**

▶ 金融機関は貸出先Aとの取引をしている。Aの延滞が長期化している。

▶ 新民法では時効期間の変更があったと聞いたが、金融機関にはどのような対応方法があるか。

● 時効とは、権利を行使しないままに一定の期間が経過した場合に、その権利を消滅させる制度です。

● 旧民法の時効期間には、権利を行使することができるときから10年として、例外的に職業別の債権については短期の時効期間を設けていました（次頁の図参照）。

● **新民法**では、権利を行使することができる（客観的起算点）から10年と、権利を行使することができることを知ったとき（主観的起算点）から5年の、いずれかが早く経過したときに時効が完成します。

● 金融機関の取引は、ほとんどが契約に基づくので、時効期間は5年になります。

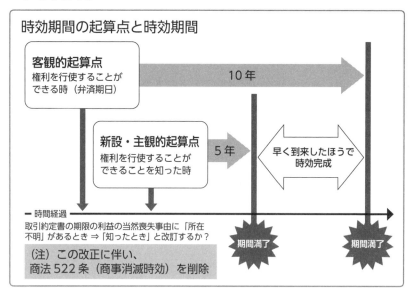

時効期間の起算点と時効期間

客観的起算点
権利を行使することが
できる時（弁済期日）

10 年

新設・主観的起算点
権利を行使することが
できることを知った時

5 年

早く到来したほうで
時効完成

時間経過

取引約定書の期限の利益の当然喪失事由に「所在
不明」があるとき ⇒「知ったとき」と改訂するか？

期間満了

期間満了

（注）この改正に伴い、
商法522条（商事消滅時効）を削除

●債権の消滅時効期間（時効の起算点を含む）についての、新旧民法の適用を分ける基準時は、債権の発生時点です。

　そこで、債権が**新民法**施行日である2020年4月1日前に発生した場合には、旧民法が適用されます。そして、**新民法**施行日前に発生した債権について、当事者が更改として新たな債務を発生させる意思ではなかった場合には、旧民法が適用されます。

新民法と旧民法の、債権の消滅時効期間

	旧民法・商法	新民法
飲食料・飲食店・料理店の債権等	権利を行使できる時から1年 （旧民法174条）	①権利を行使できることを知った時から5年、 ②権利を行使できるときから10年 （166条）
生産者・卸売商人・小売商人の代金債権等	権利を行使できる時から2年 （旧民法173条）	
設計・施工・監理業者の工事に関する債権等	権利を行使できる時から3年 （旧民法170条）	①②のいずれか早いほうの期間が経過したときは時効が完成する。
商事債権一般	権利を行使できる時から5年 （旧商法522条）	（旧商法522条商事消滅時効を削除）

●こうして、**新民法**施行日前に債権の時効期間を10年としていた金融機関では、時効期間が10年の債権と、**新民法**施行後に発生した5年の債権があることになるので、注意が必要です。

─チェックポイント─

☑ **新民法**の時効期間が適用されるのは、**新民法**の施行日である2020年4月1日以後に発生した債権です。

　金融機関の取引は大部分が契約によるので、5年の時効期間が適用されることになりますが、**新民法**施行日前に発生した債権は旧民法によることになります。

☑ そうすると、時効期間を5年としていなかった協同組織金融機関では、過渡期には、旧民法と**新民法**の債権が混在することになるので、時効管理について**事務取扱要領**等により確認し、**本部に相談**して対応をしましょう。

17 (2) 時効の更新・完成猶予事由は新民法で どうする

【時効の更新・完成猶予】

ケース 33

- ▶金融機関は貸出先Aとの取引をしている。Aの返済が長期間滞っている。
- ▶金融機関は時効の進行を、A所有の不動産を仮差押えすることによってストップさせようと考えている。
- ▶金融機関にはどのような対応方法があるか。

- ●旧民法の時効の完成を阻止する方法として、時効の中断と停止の制度がありました。

- ●**新民法**では、時効の中断について、「時効の完成猶予」（猶予期間が発生しても時効期間の進行自体は止まらないが、本来の時効期間の満了期間を過ぎても、所定の期間を経過するまでは時効が完成しないという効果）と、「更新」（更新事由の発生によって進行していた時効期間の経過が無意味なものになり、新たにゼロから進行を始める効果）により再構成しました。

- ●また、**新民法**では、仮差押え・仮処分（旧民法では中断事由）を、時効完成の効果を有するものとして、旧民法より効果が弱まりました。改正の理由としては、仮差押え・仮処分は、その手続きの開始にあたって強制執行のお墨付きである債務名義を取得する必要はなく、後に裁判上の請求によって権利関係を確定することが予定されており、その権利の確定に至るまで債権を保全する暫定的なものであることによります。

- ●なお、仮差押え・仮処分の時効完成猶予の期間は「その事由が終了した時」から6か月です。この「事由が終了した時」とは、具体的にいつなのか、つまり、不動産差押えであれば、仮差押え命令に基づき仮差押え登記がされた時なのか、あるいは、仮差押えの登記がされている間は中断事由が終了しないとする2つの考え方があります。

- ●そこで、**新民法**での判例による明確化がされるまでは、仮差押え後

に、時効更新の措置を取るべきかについて、本部や専門家に相談して対応することがよいと考えられます。

旧民法	改正	新民法
承認	➡	更新事由
裁判上の請求など	➡	完成猶予事由／更新事由
催告など	➡	完成猶予事由
停止事由	➡	完成猶予事由

消滅時効 時効完成猶予・更新、による整理

時効完成猶予事由・更新事由	時効完成猶予	時効の更新
ア　裁判上の請求等（147条） 裁判上の請求、支払督促、調停、破算手続参加、再生手続参加、更生手続参加がある場合	アの事由が終了した時まで ただし、確定判決または確定判決と同一の効力を有するものによって権利が確定することなく終了した場合は、その終了の時から<u>6か月経過した時</u>まで	確定判決または確定判決と同一の効力を有するものによって権利が確定したときは、アの事由が終了した時から新たに進行
イ　強制執行等（148条） 強制執行、担保権の実行、担保権の実行としての競売、**財産開示手続**がある場合	イの事由が終了した時まで ただし、権利者が申立てを取り下げた場合またはイの事由が法律の規定に従わないことにより取り消された場合はその時から<u>6か月経過した時</u>まで（時効の利益を受ける者に対してしてしないときは、その者に通知をした後でなければ、時効の完成猶予または更新の効力を生じない（新民法154条）⇒例・物上保証人に対する担保権実行等）	イの事由が終了した時から新たに進行 ただし、権利者が申立てを取り下げた場合またはイの事由が法律の規定に従わないことにより取り消された場合はこの限りでない（左欄カッコ内と同様）
ウ　仮差押え等（149条） 仮差押えまたは仮処分があったとき	仮差押え・仮処分の事由が**終了した時から**<u>6か月経過した時</u>まで（上記カッコ内と同様）	—
エ　承認（152条） 権利の承認があったとき。なお、承認には、相手方の権利について行為能力または権限を要しない	—	権利の承認があったときから新たに進行

チェックポイント

☑ 旧民法の時効の中断・停止は、**新民法**では整理されて、更新・完成猶予に改正されたので、変更内容をマスターしましょう。

ケース 34

▶金融機関は貸出先Ａとの取引をしている。Ａの返済が長期間滞っている。

▶金融機関は時効の進行を、ストップ（完成猶予）またはリセット（更新）させようと考えている。

▶時効の更新・完成猶予によって、時効はどうなるのか。

●**新民法**では、催告により、その時から6か月を経過するまでの間時

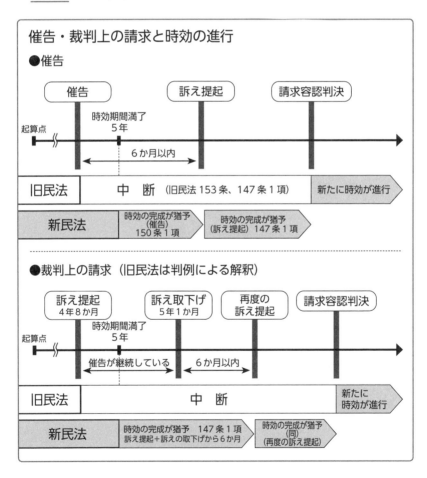

効の完成は猶予されます。なお、催告によって時効の完成が猶予されている間にされた再度の催告は、**新民法**では時効完成猶予の効果はありません。

● 新民法では、裁判手続きで、確定判決または確定判決と同一の効力を有するものによって権利が確定したときは、各事由の終了まで時効の完成が猶予されたうえで、その事由の終了の時に時効は更新され、時効期間は新たに進行を始めます。一方、確定判決等による権利の確定ができず中途で各事由が終了した場合には、時効の更新は生じないものの、その終了の時から6か月を経過するまでは、時効の完成が猶予されます。

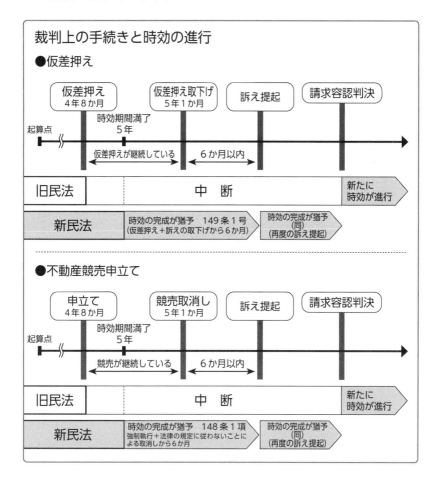

●時効完成猶予事由の仮差押え・仮処分は、旧民法の中断から、**新民法**では時効完成猶予になり効力が弱まりました。そして、仮差押え等に引き続いて本案訴訟が提起された場合には、裁判上の請求に該当し、確定判決等により権利が確定したときは時効の更新の効果が生じます。

●新民法の主な時効の完成事由と更新事由の整理

・裁判上の請求

　①裁判上の請求、②支払督促、③裁判上の和解・人事調停・家事調停、④破産手続参加・再生手続参加・更生手続参加のいずれかの事由が生ずると、まずは時効の完成が猶予されます。そして、これらの各事由の裁判手続きで確定判決またはそれと同一の効力を有するものによって権利が確定したときは、その事由の終了の時に時効は更新されます（権利の確定に至らないときはその終了の時から6か月時効の完成が猶予される）。

・強制執行

　①強制執行、②担保権の実行、③形式競売、④財産開示手続の各事由が生ずればその終了の時まで時効の完成が猶予され、その事由の終了の時に時効は更新されます（権利の確定に至らないときはその終了の時から6か月時効の完成が猶予される）。

チェックポイント

☑ 時効の更新・完成猶予については、判例が明確になった部分が整理されました。ただし、新民法では、仮差押えの「その事由が終了した時」の解釈や【82頁参照】や、不動産競売が無剰余取消になった場合【101頁参照】が、更新にあたるのかについては議論があるので、**本部や弁護士に相談**して対応しましょう。

債権回収は
新民法でどうする

1 支払の督促は新民法でどうする

【支払の督促】

ケース 35

▶金融機関はA社に対して融資をしている。

▶A社の約定返済が1回延滞したため、融資担当者は面談と文書による督促方法を考えている。

▶金融機関はどのような対応をとるべきか。

● 面談による督促

・面談の相手先としては、貸出先の経営者や役員、経理担当などからも経営状況について情報を収集します。そして、相手方には追加情報や延滞解消の時期の回答を求め、回答ができない場合には、次回の訪問日を約束するか、または来店による説明日を約束させます。

・そして、この約束が履行されない場合には、文書による督促や、法的措置による督促を検討します。

● 文書による督促

・面談による督促は取得できる情報量や質において今後の回収に役立ちますが、延滞が発生した場合には、不在や居留守によって面談できなくなることが多くなります。そこで、文書により督促の意思を届けることも、並行して検討することになります。

・督促の内容としては、段階的に強い内容にすることが有効と考えられます。

・つまり、債務者が不注意による失念や、体調不良などにより延滞となった場合もありうるので、初期の文書送付にあたっては、強硬な文言によるべきではなく、債務者に言い訳の余地を与える配慮もして、返信・返答の依頼も加えて、面談の機会づくりとして利用することが考えられます。

・債務者等から返信や返答がない場合には、段階的に強硬な文言による督促をすることになります。

・郵便で督促状を送付する場合には、配達証明付き（郵便物等を配達した事実を証明する）の内容証明郵便（電子内容証明サービス（e内容証明）を含む）によりますが、同郵便は「受取拒否」、「留置期間経過」（7日間は郵便局で保管）等を理由に返送されることがあります。

・長期間不在となる場合は、不在となる期間（最長30日）をあらかじめ郵便局に不在届により届け出れば、その期間内に到着した郵便物等は、届出期間終了後に配達されます。

・再度配達証明付きの内容証明郵便を送付しても返送される場合には、特定記録郵便（配達の際は受取人の郵便受箱に配達したことを記録）により送付を行います。

・あるいは、訪問しても面談できないにもかかわらず同郵便が返送されないことがあり、送付先が郵便局に別住所への「転送届」をしている場合もあります。

・一般的に（銀行）取引約定書には、「みなし到達」の規定があるので、不着の理由が転居先不明であれば、同規定により到達の効力が認められます。

・一般的な金融機関の取引約定書には、債務者や保証人等（債務者等）に宛てた通知がたとえ転居、不在等の理由で不着になっても通知があったものとする特約（みなし到達）があります。

　新民法97条2項は、通知の相手方が正当な理由なく通知が到達することを妨げたときは、通常到達すべき時に到達したものとみなす条項が新設されました。新民法下でも金融機関の上記みなし到達の特約は有効と考えられています。

　そこで、金融機関が債務者や保証人に対して、内容証明郵便で通知（相殺の通知、期限の利益の通知、割引手形買戻請求の通知）をした場合に、債務者等が住所地に居りながらその郵便が「留置期間経過」を理由により返送させた場合には、債務者等の支配権内に届いており、債務者等は留置期間内はいつでも受領できる状態にあることから、通知の内容が不意打ち的なものでない

限り、通知書が到達しているものと考えられます（相殺通知については、相殺適状がそれまでに成立していれば、その遡及効により後の通知で足りる場合が多いと考えられます）。

通知が「留置期間経過」を理由に返送された場合には、通知の内容によっては、再送等について本部に相談して対応しましょう。

・債務者に対して内容証明郵便を送付することは、時効の「催告」に該当し、時効の進行がストップします【82、84頁参照】。催告は、その時から6か月を経過するまでの間は、時効の完成が猶予されます。しかし、催告によって時効の完成が猶予されている間にされた再度の催告は時効完成猶予の効果は生じません。そのほか、**新民法**では「協議を行う旨の合意」によっても時効完成猶予になりますが、催告に続けて協議を行う旨の合意をしても、再度の催告と同様に時効の完成猶予の効果を有しません。そのほか、協議を行う旨の合意に続けて催告をしても完成猶予の効果は有しないので注意が必要です。

●法的手続きによる督促【127頁③参照】

・面談や督促状では債務の履行が得られない場合には、以下の方法をとることによって債務者を交渉のテーブルに着かせることも考えられます。

・支払督促

管轄裁判所に申し立て一定期間以内に異議の申立てがないと債務名義が認められ、強制執行をすることができます。

・仮差押え・仮処分【96頁参照】

債務名義は不要で、裁判上の請求による権利が確定するまでの間の債務者等の財産等を保全する暫定的な手続きです。

・債権者代位権・詐害行為取消権の行使【91、94頁参照】

債務者の責任財産の保全のための制度によって、債務者が債務を履行しない場合や、責任財産を保全する必要性がある事態に対処する、両制度の行使を検討します。

2 債権者代位権で回収は新民法でどうする

【債権者代位権】

> ▶金融機関は貸出先Aとの取引がある。Aは金融機関と取引がある
> Bから紹介を受けて融資取引を開始した。AとBは取引関係がある。
> ▶取引開始後Aは事業所を閉鎖して連絡が取れなくなり、延滞が長
> 期化したため、金融機関はAに対して期限の利益喪失の通知を発
> 送した。
> ▶金融機関の担当者は、Aには資産がないことがわかったが、Aの
> 決算書にBに対する売掛金があることを確認した。金融機関はど
> のような対応をとることができるか。

● ケース36の場合には、**新民法**の債権者代位権を検討することが考えられます。債権者代位権は、債務者の財産を保全する制度です。債権者は債務者が自ら権利行使をしないときに、債権者が債務者に代わってその権利を行使し、取り立てたものを債権者の債務に充てることができる制度です。

● **新民法**では、債務者の権利を代位行使する際に、どのような範囲で代位行使ができるかについて、債権者は債務者の権利が貸出金のように可分であるときは、自己の債権の額の限度においてのみ代位行使をすることができます。

● 債権者代位権は債務名義が不要で、債権回収策として他の制度では代替できないメリットがあります。

● 債権者代位権は**新民法**で詳しい規定が設けられました。そして、債権者が「自己の債権を保全するために必要があるとき」に行使することができるので、ケース36のように債務者の資力が不十分な場合に行使できます。

● そして、債権者は、債務者に対するその金銭の返還債務と債務者に対して有する自己の債権を相殺することができます。

● 一方、債務者は、93頁の図のように、新民法423条の5により被代

位権利（債務者に属する権利）を、自ら取り立てることができ、相手方も債務者に対して履行をすることができます。そうすると、債権者代位権を行使しても、債務が債務者に支払われてしまい、空振りになるおそれがあることが注意点です。

● ケース36の場合を検討してみると、金融機関は取引があるBからAを紹介されたので、金融機関とBは懇意であることが多いと考えられます。その場合には、金融機関はAがBに対する債権を有することを確認できた場合には、BのAに対する債務を金融機関に支払うように依頼して、支払われた金銭を金融機関のAに対する債務と相殺することができます。

● そのほか、**新民法**では、登記または登録の請求権を保全するための債権者代位権が新設されました。

　そこで、たとえば不動産の譲渡がされた場合に、譲渡人が第三者に対して登記請求権を有しているもののその権利を行使せず譲受人に登記が移転されないときには、譲受人は譲渡人に対する登記移転請求権の保全を目的として、譲渡人がその第三者に対して有する登記移転請求権を代位行使することができます。

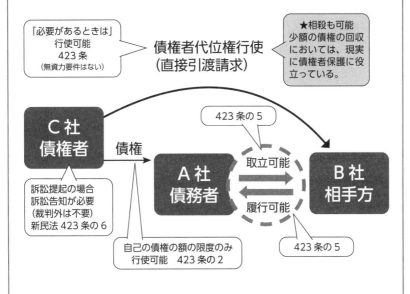

債権者代位権による事実上の優先弁済機能による回収は
どんな場合に可能か？

「必要があるときは」
行使可能
423 条
（無資力要件はない）

★相殺も可能
少額の債権の回収
においては、現実
に債権者保護に役
立っている。

債権者代位権行使
（直接引渡請求）

C社
債権者 — 債権 →

423 条の 5

取立可能

A社
債務者

履行可能

B社
相手方

訴訟提起の場合
訴訟告知が必要
（裁判外は不要）
新民法 423 条の 6

423 条の 5

自己の債権の額の限度のみ
行使可能 423 条の 2

新民法 423 条の 5 は、債権者が被代位権利を行使した場合であっても、
債務者は被代位権利の取立てその他の処分の権限を失わず、また、代
位行使の相手方も債務者への履行を妨げられない。

チェックポイント

☑ **新民法**では、債権者代位権について詳細な規定が設けられました。

☑ 金融機関は相手方から回収した金銭を、債務者に対する債権と相
殺することも可能なので、回収の選択肢としてマスターしておき
ましょう。

☑ なお、相手方は債務者に支払いをすることができるので、仮差押
えなどを併用したり、金融機関と相手方が懇意の場合には回収が
できる場合もあると考えられるので、**本部や専門家に相談**して検
討しましょう【127 頁③参照】。

詐害行為取消権で回収は新民法でどうする

ケース 37

▶金融機関は貸出先Ａとの取引がある。Ａは所有する唯一の資産である不動産を第三者に時価より低い価格で譲渡して資産がなくなり、返済が滞った。

▶金融機関は詐害行為取消権を行使して回収をすることができるか。

● ケース37のような場合に金融機関は**新民法**の詐害行為取消権の行使を検討することが考えられます。金融機関の取引では、債務者が近親者等に不動産等の財産を譲渡して、法的措置を逃れる場合があります。

● 詐害行為取消権は、債務者が債権者を害することを知ってした行為の取消しを裁判所に請求することができる制度です。

● **新民法**では詐害行為取消権について詳細な規定が設けられ、取消債権者は受益者に対して支払うよう請求でき、取消債権者は債務者が有する返還請求権を受働債権とする相殺をすることができます。

● 詐害行為取消権を行使することができる債務者の行為の類型には、「相当の対価を得てした財産の処分行為」、「特定の債務者に対する担保の提供」、「過大な代物弁済」があります。

● 「相当の対価を得てした財産の処分行為」は、隠匿等の処分のおそれを現に生じさせるものであること、債務者に隠匿等の処分をする意思があること、受益者が債務者に隠匿等の処分をする意思があることを知っていたことが必要です。「特定の債務者に対する担保の提供」は、偏頗行為では支払不能時に行われたもので債権者と受益者とが通謀し害意があること、非義務行為では支払不能前30日以内に行われたものであることと、債権者と受益者とが通謀し害意があることが必要です。「過大な代物弁済」は、詐害行為が支払不能時に行われたものであることと、債務者と受益者間に通謀的害意がある場合にはその行為の額の多寡にかかわらず代物弁済等の債務消

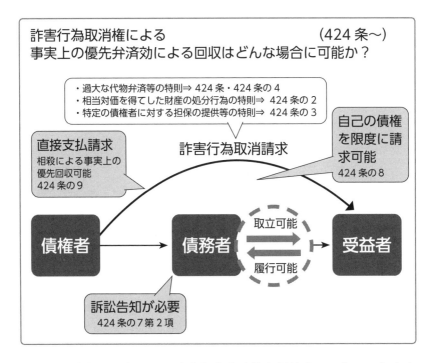

詐害行為取消権による　　　　　　　　　　（424 条〜）
事実上の優先弁済効による回収はどんな場合に可能か？

・過大な代物弁済等の特則⇒ 424 条・424 条の 4
・相当対価を得てした財産の処分行為の特則⇒ 424 条の 2
・特定の債権者に対する担保の提供等の特則⇒ 424 条の 3

直接支払請求
相殺による事実上の
優先回収可能
424 条の 9

詐害行為取消請求

自己の債権
を限度に請
求可能
424 条の 8

債権者 → 債務者

取立可能
履行可能

受益者

訴訟告知が必要
424 条の 7 第 2 項

滅行為全体を対象として詐害行為取消権を行使することができます。
- 詐害行為取消権行使の要件としては、詐害行為によって利益を受け
  た者や転得者が債権者を害することを知ってしたことが必要です。
- 詐害行為取消権は、金融機関が詐害行為を発見した場合には詐害行
  為であることを主張することで、債務者等が交渉に応ずる場合もあ
  るので、債権回収の選択肢として本部や弁護士に相談することがよ
  いと考えられます。

チェックポイント

☑ **新民法**では、詐害行為取消権について詳細な規定が定められました。

☑ 回収の選択肢として、詐害行為として債務者に主張することに
　よって、回収のテーブルに着くことが多いので、概要をマスター
　しておきましょう。

☑ 詐害行為取消権は裁判による必要があるので、**本部や弁護士にも
　相談**して対応しましょう【53 頁、127 頁③参照】。

ケース **38**

▶金融機関は貸出先Aとの取引がある。Aは長期間弁済しないことから金融機関はAの期限の利益を請求により喪失させた。営業担当はAが地方都市に不動産を持っていると言っていたことを思い出し、登記簿謄本を取り寄せて仮差押えをしようと考えている。
▶金融機関はどんな点に注意する必要があるか。

● **仮差押え** の裁判所による命令は、金銭の支払いを目的とする債権について、強制執行をすることができなくなるおそれがあるとき、または強制執行をするのに著しい困難を生ずるおそれがあるときに使うことができます（民事保全法20条）。

● 金融機関が不動産の抵当権者である場合には、不動産競売を申し立てることによって配当を受けることができます。

　しかし、債務者に余力がある不動産等があっても担保権がない場合には、金融機関は貸金請求訴訟を提起して確定判決を得て債務名義として、強制競売をする必要があります。そのため、時間や手間がかかり、また不動産等の劣化や譲渡等の妨害が行われるおそれがあります。

● これに対して仮差押えは、債務名義を必要とせず、債務者の協力がなくても実施することができます。後に裁判上の請求によって権利が確定に至るまで債権者の財産等を保全する暫定的なものです。

● 裁判所への仮差押えの申立ては、その趣旨ならびに保全すべき権利または権利関係および保全の必要性を明らかにしてする必要があります。また、保全すべき権利または権利関係および保全の必要性を疎明する必要があります。

● 仮差押えの注意点としては、必要がない不当な仮差押えの場合には債務者から損害賠償を請求されるおそれがあります。

　仮差押えを申し立てるためには、仮差押えは債務名義がなく財産

の暫定的な拘束を伴うものであることから、仮差押えにより保全しようとする権利や、保全の必要性がない場合に債権者に損害を担保するために、裁判所の裁量により仮差押え目的物の価格の2～3割程度の担保が必要になります。

- 仮差押えに適した物件としては、不動産（土地・建物・未登記物件）、不渡異議申立提供金・預託金・敷金・保証金等があります。
- 仮差押えをしただけでは、実際の回収には直接結びつきません。仮差押えをした財産から債権回収をするためには、強制執行のお墨付きである債務名義を得るために訴訟を提起して勝訴判決を得て、強制競売を申し立てて配当により回収することになります。
- **仮処分**は、特定物に関する給付請求権について、将来の確定判決に基づく強制執行を保全するため、その現状を保持したり、争いがある権利関係について債権者に著しい損害または差し迫った危機を避けるために、金銭債権以外の係争の保全等のために行われる手続きです。
- 貸出金の回収に関係がある事案としては、債務者が無資力なのにもかかわらず、責任財産である所有不動産を第三者に譲渡した場合には、債権者は債権保全のために詐害行為取消権を行使して、所有権移転登記の抹消を求めることができます（94頁参照）。しかし、譲渡を受けた者がさらにその物件を譲渡処分することを防ぐために、処分禁止の仮処分の手続きをすることができます。
- 仮処分手続きは、債権者が裁判所に対して書面で申し立て、裁判所がその申立て内容の当否を審理して、仮処分命令を発するかが判断されます。

┌─ チェックポイント ─
│ ☑ 仮差押・仮処分は、新民法では時効完成猶予事由となり、旧民法より効果が弱まったので注意が必要です【82～84頁参照】。
│
│ ☑ 仮処分も、裁判所に申し立てる必要があるので、詐害行為がされた場合などでは、**本部や弁護士に相談**して申立てを検討しましょう【127頁③参照】。
└─

新民法で相殺に無制限説が明文化されてどうする

ケース **39**

▶金融機関は貸出先Ａとの取引がある。Ａは長期間弁済しないことから金融機関はＡの期限の利益を請求により喪失させた。

▶Ａは金融機関に定期預金を預入れしていることから、金融機関はＡに対する貸出金と相殺することを考えている。

▶新民法では、相殺についてどのような対応をとればよいか。

● **新民法**では、旧民法下の判例の無制限説を明文化しました。その内容は、金融機関は差押え後に取得された自働債権でない限り、自働債権および受働債権の弁済期の前後を問わず、相殺適状に達しさえすれば、差押え後でもこれを自働債権として相殺ができるとするものです。

● また、判例では、一定の客観的事由が発生した場合には期限の利益を喪失して弁済期が到来するものとし、預金については期限の利益を放棄して相殺ができる旨約定されている「相殺予約」の合意を有効とし、差押債権者に対抗できるとしており、**新民法**下でも同様の対応が可能と考えられます。

● そのほか、**新民法**では、差押え後に取得した債権が差押え前の原因に基づいて生じたものであるときにも、これを自働債権とする相殺を差押え債権者に対抗することができます。そこで、差押えよりも前に主債務者の委託に基づいて保証していた場合に、差押えより後に発生した事後求償権も差押え債権者に対抗できます。その理由は、契約等の債権の発生原因となる行為が差押え前に生じていれば、債権発生後に相殺をすることにより自己の債務を消滅させることができるという期待を保護するものです。

● なお、債権譲渡がされた場合にも、次頁の図のように債務者の相殺の期待を保護する改正があります。債権譲渡について債務者対抗要件が具備されるよりも前に債務者が取得した譲渡人に対する債権で

あれば、それぞれの債権の弁済期の前後を問わず、これによって相殺をすることができます。さらに譲受人が債務者対抗要件を具備した時点よりも後に債権者が取得した債権であっても、一定の場合にはその債権による相殺ができます。一方、下図のように差押えの場合には相殺はできません。

相殺の期待を有する債務者の保護の違い

		対抗要件の具備時よりも**前の原因**に基づいて生じた債権 （469条2項1号） （511条1項）	その債権が対抗要件の具備時よりも後の原因に基づいて生じたものであっても、**発生原因である契約**に基づいて生じたとき （469条2項2号）
相殺	債権譲渡	可	可
	差押え	可	不可

● 金融機関にとって、債権譲渡により相殺可能となるケースが上図のように拡大したことから、担保設定等をしていた債権が相殺により減少することがありうることになります。しかし、**新民法**では異議をとどめない承諾は廃止されましたが、相殺等について抗弁を放棄する特約をすることができるので、皆さんの金融機関の契約書にこの特約があれば抗弁を受ける可能性は低いと考えられます。

● **新民法**では、相殺による充当について、相殺の充当の順序に関する合意をしたときはそれによって消滅し、合意をしなかったときは債権者の有する債権とその負担する債務は相殺適状となった時期の順序に従って相殺によって消滅します。

　金融機関の（銀行）取引約定書では、一般的に相殺の「充当の指定」条項があるので、その合意に基づき充当することができます。

┌─ チェックポイント ─

☑ **新民法**では、旧民法下の判例の無制限説が明文化され、従来の取扱いをすることができるので、**事務取扱要領**を確認し、本部に相談しましょう【127頁③参照】。

ケース40

▶金融機関は貸出先Ａとの取引があり不動産に根抵当権を設定している。Ａは期限の利益喪失事由に該当し返済の見込みがないことから、金融機関はＡの担保不動産を競売することにより回収することを考えている。

▶金融機関はどんな準備をすればよいか。

●金融機関が担保設定をしている不動産の競売の手続きは、民事執行法に基づいて、不動産を管轄する地方裁判所に申立てを行い、不動産を換価して、その売却代金により債権者である金融機関が配当を受けるものです。

　本部の専門家や弁護士に依頼して競売の申立てをすることが多いと考えられます。

●不動産競売の申立てをすると、裁判所は審査をして適法と認めれば、競売の開始決定をし、不動産に差押えの登記を嘱託して、その不動産は処分行為の一切が禁止されます。

●差押えの後で、裁判所は差押え登記前に登記された抵当権者等の利害関係人に債権届の催告をします。

●裁判所は、その不動産の現況調査等をさせて、評価額を鑑定させ、最低競売価格を決定し、物件明細書を作成します。そして、入札等により最高価格の買受申出人が決まると、その代金の納付を受けて、民法の定めによる優先順位による配当表を作成して、債権者に配当します。

●なお、不動産競売手続きにおける配当金が同一担保権者の有する数個の被担保債権のすべてを消滅させるに足りない場合には、弁済充当の指定に関する特約があっても、その配当金は、民法の法定充当の規定に従って数個の債権に充当されます（昭和62年12月18日最高裁第二小法廷判決・貸金請求事件）【60頁参照】。

●ただし不動産競売の注意点として、無剰余取消の制度があります（民事執行法63条2項）。

　これは、競売を実行しても申立人の利益がなく、競売をした意味がない場合で、裁判所が無剰余であると判断した場合には、その旨を差押え債権者に対し通知し、この通知を受けた差押え債権者が、一定の措置をとらなければ、その競売手続きは取り消されることになります。

●時効に関連して、旧民法下の判例では、無剰余を理由として競売手続きが取り消されたときであっても時効は中断するとするものがあります（平成7年7月10日水戸地裁判決・求償金請求事件）。**新民法**の下で不動産競売が無剰余取消がされた場合に**新民法**の時効の更新事由に該当するかについては、本部や弁護士に相談するのがよいと考えます【86頁参照】。

●競売と任意売却の比較検討
　・競売による不動産等の売却は、時価よりも低額で行われるのが一般的です。一方、任意売却の売却価格は時価で行われ、競売の場合よりも高額になることが一般的です。
　・競売手続きによる配当は一定の期間がかかるのに対して、任意売却は利害関係人との調整が必要ではありますが、競売に比べて短期間となるのが一般的です。
　・任意売却価格は時価によりますが、配分方法は利害関係者の調整に難航する場合が多くあります。その理由としては、所有者が破綻した場合の抵当不動産にはその価値を上回る担保権が設定されていることが多いことがあります。
　・利害関係者には、以下の類型があると考えられます。
　　①任意処分あるいは競売のいずれでも満額回収が見込める債権者
　　②任意処分では満額の回収が見込めるが競売の場合は全額回収ができない債権者
　　③任意売却では判子料（担保解除料）しか回収が見込めず競売に

よっては回収が見込めない債権者

　任意売却による売却代金の配分方法は競売のような基準がないことから、利害関係人との話し合いによって、①のメイン金融機関寄せによる譲歩や、②③への協力金支払いや、判子料支払いなどの調整が必要になる場合が多くあります。

●金融機関が抵当権を設定した不動産の担保提供者が破産した場合であっても、抵当権は破産法上別除権（破産手続きによらないで行使することができる権利）として扱われ、破産手続開始決定や免責許可決定がなされても、基本的には回収に何ら影響を受けません。

　けれども破産者名義の不動産は破産財団に属することになり、その破産財団に属する不動産に不法占拠者がいる事例では破産管財人がこれを排除して任意売却したほうがより高額で売却が見込めます。

　しかしこの任意売却の場合には、不動産の売却価格の５％から10％を破産財団に組み入れる事例が多くあります。そのほか、担保権を設定した別除権者の中でも、競売等によれば配当がないことが見込まれる後順位担保権者に対して抹消の承諾のためのハンコ料の支払いが必要になる場合があります。

チェックポイント

☑ 不動産競売は裁判所に申立てをして配当による回収をします。

☑ 競売申立済みの不動産であっても、市況・価格によっては任意売却の可能性が生じることがあります。

☑ その場合には、**本部に協議し弁護士にも相談**して、競売による配当と任意売却価格による回収・利害関係人に対する配分を考慮して、回収方法を選択することになります【127頁③参照】。

7 貸出先が債務整理になったら回収は新民法でどうする

【債務整理】

ケース 41

▶金融機関の貸出先Ａ社は事務所を閉鎖して連絡ができず、代表者は行方不明になった。

▶事務所には債務整理をするとの弁護士名の張り紙があった。金融機関はどんな対応をすればよいか。

● 貸出先が破綻し、弁護士名の張り紙がある場合には、弁護士に問い合わせて、会社整理をどのように進めるのかについて確認しましょう【127頁③参照】。

● 会社整理には私的整理と法的整理があり、それぞれの注意点があるので、本部や弁護士に相談して対応策を検討しましょう。

● 私的整理

・ 私的整理とは、法的整理と対比して、法定手続きによらずに破綻した債務者の清算や債権を行うことです。

・ 私的整理はうまく運営されれば、法的整理よりも時間と費用をかけずに比較的効率よく弁済を受けられるメリットがあります。

・ 一方、なんらの強制力がないことから、手続きに不正があっても適切な手段を講じることができないデメリットがあります。

・ 不動産競売による担保処分は時間がかかることから、時価での売却が見込める場合があります。

・ 債権回収のための担保などがない場合には、配当受領の可能性がある私的整理には利点があるといえます。

金融機関の対応

・ 私的整理に参加する場合には、債権者委員会に多くの情報を開示するよう要求しましょう。

・ 債権者集会への出席は、情報収集や適正な運営や監督がされていることを監視するためにも有用です。

・ 債権届をし、債権者集会に対して債権債務の整理等に賛成した債権者は、債権者集会の決議の内容に合意したとみなされるおそれがあります。
そこで、合意に関する委任状を提出する場合は、個別事項の委任にとどめ、いつでもその委任を解除できる内容とすべきです。

●民事再生手続き

・民事再生手続きは、負債（債務）の返済ができなくなるなど、経済的に苦しい状況にある債務者または事業の継続に著しい支障をきたすことなく弁済期にある債務を弁済することができない債務者が利用できる手続きです。

・申立てをした債務者は、自己の将来の収入によって、一定の額の債務を分割して返済する計画を作成し、裁判所は、その作成された計画を債権者の決議に付します。そして、債権者により再生計画が可決された場合、裁判所はその再生計画を認めるか否かの判断をし、再生計画を裁判所が認めた場合には、債務者は、その計画に従った返済をすることで、残りの債務が免除されます。

金融機関の対応

・債権届期間内に債権を届け出ます。

・別除権者は、債権届期間内に別除権の目的である財産と、別徐権の行使によって弁済を受けることができないと認められる債権の額を裁判所に届け出ます。

・相殺は、債権届期間内に限り行うことができます。

●破産手続き

・破産とは、自分の収入や財産で支払わなければならない債務等を支払うことができなくなった場合に、自分の持っている全財産をお金に換えて、各債権者に債権額に応じて分配、清算して、破綻した生活を立て直すことを目的とする制度です。

・破産管財人が選任される破産手続きでは、破産管財人が、破産者の持っている全財産を換価・処分・回収し、債権届を出した債権者に配ります。破産者の全財産を換価・処分・回収しても、債権者に配るべきお金がない場合には、破産手続きが終了されます。

金融機関の対応

・債権者である金融機関が破産手続きにより配当を受けるためには、債権届をする必要があります。

・担保付き債権は、別除権が認められ破産手続き外で行使することができますが、破産管財人の中には破産財団組入額を要求する場合もあり、債権者との交渉によって調整することになります【3章6、102頁参照】。

・相殺は債権届出期間後も可能。

●特定調停

- 特定調停は、債務の返済ができなくなるおそれのある債務者の経済的再生を図るため、特定債務者が負っている金銭債務に係る利害関係の調整を行うことを目的とする手続きです。
- 特定調停手続きは、経済的に破綻するおそれのある債務者であれば、法人か個人か、あるいは事業者か否かを問わず幅広く利用することができます。そして、合意が成立し、これを調書に記載したときは、その記載は確定判決と同一の効力があり、債務者は、これに従って弁済すればよいことになります。
- 基本的に当事者間の合意によって負債を処理する手続きであり、会社の提示する再建案にメインバンクが絶対反対というようなケースでは、たとえほかの金融機関が賛成してくれても特定調停で処理することは困難と考えられます。

金融機関の対応

- 債務者等から、お願いとして、弁済の請求・受領、相殺権を行使するなどの債務消滅に関する行為を差し控えてほしい旨の依頼がある場合があり、賛否検討の際に留意します。

●会社更生手続き

- 会社更生手続きとは、経済的苦境に立たされた株式会社の経済的更生を図ることを目的とする制度です。
- 更生会社の財産に関する管理処分権は、裁判所が選任した管財人が有することになり、更生会社が経済的更生を図るための更生計画案も、原則として管財人が作成します。

金融機関の対応

- 債権届は債権届期間内に、更生債権と更生担保権に分けて届け出ます。
- 相殺は債権届出期間内に行い通知します。
- 担保権消滅請求制度に留意します。

●特別清算

・特別清算が適用される会社は、株式会社のみです。

・特別清算の場合、その「債務超過の疑い」がある段階から申立てが可能です。要件として、「清算の遂行に著しい支障を来すべき事情がある場合」があり、債権者もしくは株主に不利益が及ばないよう裁判所の監督のもと手続きを進めます。

・債権者集会を開き協定を結ぶ（協定型）場合には、債権者集会を開き、①集会に出席した債権者の過半数の同意、かつ②債権者の議決権の総額の2/3以上の同意が必要です。

・個別に和解契約を結ぶ方法（和解型）の場合には、債権者と個別に和解契約を締結し、和解契約にもとづいて弁済をします。

・協定・和解内容が実施されると、裁判所から特別清算終結決定が下され手続きは完了。会社は完全に消滅します。

金融機関の対応

・債権申出期間内に債権届をします。

・債権者として特別清算に同意をするか否かを検討します。

> ▶金融庁の「金融業界における書面・押印・対面手続の見直しに向けた検討会」では、新型コロナウイルス感染症拡大を契機としてテレワーク導入の機運が高まり、金融業界の書類・押印・対面の手続きの見直しについて検討しているとの報道があった。
> ▶押印見直しについて、融資契約手続きでは、どのような課題があるとされているのか。

● 同上検討会は、令和2年6月25日に設置され12月25日まで9回開催されています（執筆時点。金融庁（https://www.fsa.go.jp/singi/shomen_oin/index.html））。

● 融資契約手続きについて、書面・押印・対面取引の見直しを検討する際の課題としては、押印を用いない融資契約では、①電子契約・電子署名の証拠力や、権限がない者による契約締結のおそれがあること、②抵当権設定登記の申請について司法書士業界のオンライン申請の検討では抵当権設定契約書等を書面で提出することが必要になっていること、③金融庁の監督指針では、行員の面前で契約者本人による契約書への自署・押印を受けることを原則とする記載がある、④金融機関には電子契約の費用対効果への懸念がある、⑤顧客が電子契約についてセキュリティの不安がある、などがあるとされています。

● そこで、預金取扱金融機関の業界として考えられる対応としては、以下の「論点整理」により融資契約手続の電子化・電子署名などを推進するとしています。

「書面・押印・対面手続の見直しに向けた論点整理」の概要（※）の抜粋

預金取扱金融機関の、論点整理の概要
■【全体方針】 　「あらゆる取引の電子化」を目指す姿とし、今後も各銀行及び全銀協として取組みを進める。
■【個別論点】 　●融資契約 　個人向けの少額融資を除き、電子化は一部の銀行にとどまる。電子署名に係るQ&Aの公表により法的な解釈が明確化されたところ、今後、先行事例の共有により電子化を進めていく。なお、抵当権設定に関しては司法書士業界におけるオンライン化の取組みが必要。 ※証書貸付・当座貸越・銀行取引約定書等につき、電子署名を利用した電子契約を採用している事例。 ※少額・短期の事業性融資（例：最大1,000万円、6か月以内（元金均等返済の場合））につき、電子契約を採用している事例。 ※住宅ローンに関して、電子署名を利用した電子契約を採用し、正式申込・書類授受・契約の手続きを電子化している事例。
●口座開設 　個人口座に比べ、法人口座開設手続きの電子化は一部の金融機関にとどまる。今後、オンラインでの本人確認手段の採用により、マネロン対策等の観点も踏まえつつ、電子化を進めていく。 ※取引担当者についてオンラインで完結する本人確認方法を活用するとともに、法人の本人確認については銀行が登記情報提供サービスを利用して登記情報を取得し確認する方法を活用することにより、オンラインでの口座開設サービスを提供している事例。
●インターネットバンキング（IB） 　個人・法人ともに大部分の金融機関がサービスを提供しているが、特に法人について利用促進が課題。金融機関における使い勝手や料金等の改善に加え、顧客企業に対するデジタル化支援を行う。 ※利用できるサービスを限定したうえで固定利用料を無料とするプランを用意する事例。 ※顧客企業のデジタル化提案と併せて2、3年と長いスパンで粘り強く顧客に利用メリットを説明している事例。
●手形・小切手や税・公金の収納業務についても関係者と連携しつつ、電子化・効率化を進めていく。

※出典　金融庁（https://www.fsa.go.jp/singi/shomen_oin/shiryou/20201225/02.pdf）をもとに抜粋・編集

政府の「脱ハンコ」の、電子認証・電子契約とはどんなものか

【電子認証・電子契約】

> ▶新型コロナウイルス感染症の拡大が社会に大きな影響を与え、行政手続きをはじめとするさまざまな事務作業のデジタル化「脱ハンコ」に関心が高まっており、金融庁は金融業界についての検討会を設置しているとの報道があった。
>
> ▶「印鑑・書面レス」や電子認証・電子契約とはどんなものなのか。

- 前掲のように金融庁は、「金融業界における書面・押印・対面手続きの見直しに向けた検討会」を設置し、業界別の論点整理がされています（令和2年12月25日）。

- そして、書面・押印をデジタル化するには、電子認証・電子契約による方法を検討することになります。

- 金融機関はデジタル化では、電子署名による契約書の証拠力や本人確認に問題がないかが懸念事項になります。

- 契約は、新民法では法令に別段の定めがある場合を除き（保証等）、書面の作成を必要としません（522条2項）。しかし、金融実務では後日の紛争に備えた証拠として押印による契約書を作成するのが一般的です。

- こうした書面による契約書に作成者本人の「署名」「押印」がある場合には、契約書の作成者本人の意思に基づいたものと推定されます（判例・民事訴訟法228条2項）。

- また、電子署名による契約書の証拠力については、一定の電子署名は真正に成立したものと「推定」されます（電子署名法2条、3条）（二段の推定）。

- 電子署名は、認証業務として業者が行います。この認証業務とは、ある電子署名について、特定の利用者が施したものであることを、利用者本人やその相手方等第三者からの要求に応じて証明するサービスです。そして、この認証業務のうち、主務大臣が認めた安全性

を備えたデジタル署名を利用したサービスを「特定認証業務」といいます。注意点として、特定認証業務は主務大臣（法務省）の認証を「受けることができる」任意の制度です。

●そして、電子署名方式としては、当事者署名方式（ローカル署名・リモート署名）と立会人署名方式があります。

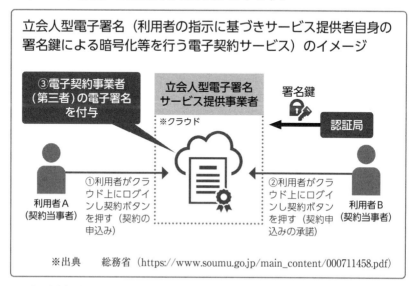

立会人型電子署名（利用者の指示に基づきサービス提供者自身の署名鍵による暗号化等を行う電子契約サービス）のイメージ

③電子契約事業者
（第三者）の電子署名を付与

立会人型電子署名
サービス提供事業者

署名鍵

認証局

※クラウド

利用者A
（契約当事者）

①利用者がクラウド上にログインし契約ボタンを押す（契約の申込み）

②利用者がクラウド上にログインし契約ボタンを押す（契約申込みの承諾）

利用者B
（契約当事者）

※出典　　総務省（https://www.soumu.go.jp/main_content/000711458.pdf）

●電子署名を利用して融資契約を締結する場合の主な注意点には以下のものがあると現時点では考えられます。

◇【契約締結前】金融機関による体制整備のほか、借主は、最適な電子署名業者・電子署名サービスを選択します。金融機関の確認事項としては、借主の社内規定により、なりすましを防ぎ有効な電子署名をするための体制があるか、代表者でない経理部長等を電子署名者とする場合にはその者の権限の範囲の明確化等があります。

◇【契約締結時】金融機関は、借主から電子署名が有効に成立することについて、電子署名事業者が要求する本人確認手段（たとえば、電子メールとワンタイムパスワードの組み合わせ）を事前に確認し、それが履行されたことの証拠としての表明保証を確認資料（取締役会決議等、履歴事項証明書、代理人との権限委任を証

する書面等）とともに徴求します。そのほか、借主の責任者にメール等で契約内容について通知し借入内容が有効であることの裏付けを取ります。

◇【契約締結後】締結済電子契約をデータで保存する場合には、保存するサーバーを電子署名業者に確認します。電子署名は5年が有効期間なので（電子署名法施行規則6条4項）、融資期間に応じて暗号を掛け直すことで電子署名の効果を延長する（長期署名サービス）ことができることを確認します。

┌─**まとめ**────────────────────────────────

☑ 以上のように電子署名・電子契約は、二段の推定があるものの、手順や課題については、金融機関の準備だけでなく、本人確認や、なりすまし防止のための取引先中小企業の体制整備が必要です。

そこで、現段階での準備としては、業界団体の情報・動向を注視しつつ、新民法による契約内容のマスターをしておくことが重要です。

└──

【参考】

金融庁の「第8回「金融業界における書面・押印・対面手続の見直しに向けた検討会（令和2年10月21日）」議事概要」（※）では全銀協の以下のような意見が掲載されています。

┌──

（全国銀行協会）

○銀行界における法人契約の印鑑・書面レスについては、前回の検討会で三井住友銀行の事例として、電子署名法に則った融資の電子契約サービスをご紹介した。

本サービスは、顧客側で責任者を特定していただいた上で、ID・パスワード・電子署名を渡すことで安全性を確保しており、その為のシステム対応もしている。

興味がある業界・業者様があれば、ノウハウを共有させていただき、電子契約の推進を図りたい。

└──

※出典　金融庁（https://www.fsa.go.jp/singi/shomen_oin/gijigaiyou/20201021.html）をもとに抜粋し編集

経営者保証に関するガイドライン （抜粋）

1．目的（略）

2．経営者保証の準則

本書参照頁	
14 18 20 22 28 54 56 58 62 71 76 78	（1）このガイドラインは、経営者保証における合理的な保証契約の在り方等を示すとともに主たる債務の整理局面における保証債務の整理を公正かつ迅速に行うための準則であり、中小企業団体及び金融機関団体の関係者が中立公平な学識経験者、専門家等と共に協議を重ねて策定したものであって、法的拘束力はないものの、主たる債務者、保証人及び対象債権者によって、自発的に尊重され遵守されることが期待されている。 （2）このガイドラインに基づき経営者保証に依存しない融資の一層の促進が図られることが期待されるが、主たる債務者である中小企業の法人個人の一体性に一定の合理性や必要性が認められる場合等において経営者保証を締結する際には、主たる債務者、保証人及び対象債権者は、このガイドラインに基づく保証契約の締結、保証債務の整理等における対応について誠実に協力する。 （3）主たる債務者、保証人及び対象債権者は、保証債務の整理の過程において、共有した情報について相互に守秘義務を負う。 （4）このガイドラインに基づく保証債務の整理は、公正衡平を旨とし、透明性を尊重する。

3．ガイドラインの適用対象となり得る保証契約

　このガイドラインは、以下の全ての要件を充足する保証契約に関して適用されるものとする。

	（1）保証契約の主たる債務者が中小企業であること （2）保証人が個人であり、主たる債務者である中小企業の経営者であること。ただし、以下に定める特別の事情がある場合又はこれに準じる場合については、このガイドラインの適用対象に含める。 　① 実質的な経営権を有している者、営業許可名義人又は経営者の配偶者（当該経営者と共に当該事業に従事する配偶者に限る。）が保証人となる場合 　② 経営者の健康上の理由のため、事業承継予定者が保証人となる場合

（3）主たる債務者及び保証人の双方が弁済について誠実であり、対象債権者の請求に応じ、それぞれの財産状況等（負債の状況を含む。）について適時適切に開示していること

（4）主たる債務者及び保証人が反社会的勢力ではなく、そのおそれもないこと

４．経営者保証に依存しない融資の一層の促進

経営者保証に依存しない融資の一層の促進のため、主たる債務者、保証人及び対象債権者は、それぞれ、次の対応に努めるものとする。

（1）主たる債務者及び保証人における対応

主たる債務者が経営者保証を提供することなしに資金調達することを希望する場合には、まずは、以下のような経営状況であることが求められる。

① 法人と経営者との関係の明確な区分・分離（以下略）

② 財務基盤の強化（以下略）

③ 財務状況の正確な把握、適時適切な情報開示等による経営の透明性確保（以下略）

（2）対象債権者における対応

対象債権者は、停止条件又は解除条件付保証契約、ＡＢＬ、金利の一定の上乗せ等の経営者保証の機能を代替する融資手法のメニューの充実を図ることとする。（以下略）

５．経営者保証の契約時の対象債権者の対応

対象債権者が第４項（2）に即して検討を行った結果、経営者保証を求めることが止むを得ないと判断された場合や、中小企業における法人個人の一体性に一定の合理性や必要性が認められる場合等で、経営者と保証契約を締結する場合、対象債権者は以下の対応に努めるものとする。

（1）主たる債務者や保証人に対する保証契約の必要性等に関する丁寧かつ具体的な説明（以下略）

（2）適切な保証金額の設定（以下略）

６．既存の保証契約の適切な見直し

（1）保証契約の見直しの申入れ時の対応

① 主たる債務者及び保証人における対応

主たる債務者及び保証人は、既存の保証契約の解除等の申入れを対象債権者に行うに先立ち、第４項（1）に掲げる経営状況を将来に亘って維持するよう努めることとする。

② 対象債権者における対応

主たる債務者において経営の改善が図られたこと等により、主たる債務者及び保証人から既存の保証契約の解除等の申入れがあった場合は、対象債権者は第4項（2）に即して、また、保証契約の変更等の申入れがあった場合は、対象債権者は、申入れの内容に応じて、第4項（2）又は第5項に即して、改めて、経営者保証の必要性や適切な保証金額等について、真摯かつ柔軟に検討を行うとともに、その検討結果について主たる債務者及び保証人に対して丁寧かつ具体的に説明することとする。

（2）事業承継時の対応
① 主たる債務者及び後継者における対応
　イ）主たる債務者及び後継者は、対象債権者からの情報開示の要請に対し適時適切に対応する。特に、経営者の交代により経営方針や事業計画等に変更が生じる場合には、その点についてより誠実かつ丁寧に、対象債権者に対して説明を行う。
　ロ）主たる債務者が、後継者による個人保証を提供することなしに、対象債権者から新たに資金調達することを希望する場合には、主たる債務者及び後継者は第4項（1）に掲げる経営状況であることが求められる。
② 対象債権者における対応
　イ）後継者との保証契約の締結について
　　対象債権者は、前経営者が負担する保証債務について、後継者に当然に引き継がせるのではなく、必要な情報開示を得た上で、第4項（2）に即して、保証契約の必要性等について改めて検討するとともに、その結果、保証契約を締結する場合には第5項に即して、適切な保証金額の設定に努めるとともに、保証契約の必要性等について主たる債務者及び後継者に対して丁寧かつ具体的に説明することとする。
　ロ）前経営者との保証契約の解除について
　　対象債権者は、前経営者から保証契約の解除を求められた場合には、前経営者が引き続き実質的な経営権・支配権を有しているか否か、当該保証契約以外の手段による既存債権の保全の状況、法人の資産・収益力による借入返済能力等を勘案しつつ、保証契約の解除について適切に判断することとする。

7．保証債務の整理

（1）ガイドラインに基づく保証債務の整理の対象となり得る保証人

　以下の全ての要件を充足する場合において、保証人は、当該保証人が負担する保証債務について、このガイドラインに基づく保証債務の整理を対象債権者に対して申し出ることができる。また、当該保証人の申し出を受けた対象債権者は、第2項の準則に即して、誠実に対応することとする。

イ）対象債権者と保証人との間の保証契約が第3項の全ての要件を充足すること

ロ）主たる債務者が破産手続、民事再生手続、会社更生手続若しくは特別清算手続（以下「法的債務整理手続」という。）の開始申立て又は利害関係のない中立かつ公正な第三者が関与する私的整理手続及びこれに準ずる手続（中小企業再生支援協議会による再生支援スキーム、事業再生ADR、私的整理ガイドライン、特定調停等をいう。以下「準則型私的整理手続」という。）の申立てをこのガイドラインの利用と同時に現に行い、又は、これらの手続が係属し、若しくは既に終結していること

ハ）主たる債務者の資産及び債務並びに保証人の資産及び保証債務の状況を総合的に考慮して、主たる債務及び保証債務の破産手続による配当よりも多くの回収を得られる見込みがあるなど、対象債権者にとっても経済的な合理性が期待できること

ニ）保証人に破産法第252条第1項（第10号を除く。）に規定される免責不許可事由が生じておらず、そのおそれもないこと

（2）保証債務の整理の手続

　このガイドラインに基づく保証債務の整理を実施する場合において、主たる債務と保証債務の一体整理を図るときは、以下のイ）の手続によるものとし、主たる債務について法的債務整理手続が申し立てられ、保証債務のみについて、その整理を行う必要性がある場合等、主たる債務と保証債務の一体整理が困難なため、保証債務のみを整理するときは、以下のロ）の手続によるものとする。

イ）主たる債務と保証債務の一体整理を図る場合（以下略）

ロ）保証債務のみを整理する場合（以下略）

（3）保証債務の整理を図る場合の対応

　　主たる債務者、保証人及び対象債権者は、保証債務の整理に当たり以下の定めに従うものとし、対象債権者は合理的な不同意事由がない限り、当該債務整理手続の成立に向けて誠実に対応する。

　　なお、以下に記載のない内容（債務整理の開始要件、手続等）については、各準則型私的整理手続に即して対応する。

① 一時停止等の要請への対応（以下略）

② 経営者の経営責任の在り方（以下略）

③ 保証債務の履行基準（残存資産の範囲）

　　対象債権者は、保証債務の履行に当たり、保証人の手元に残すことのできる残存資産の範囲について、必要に応じ支援専門家とも連携しつつ、以下のような点を総合的に勘案して決定する。この際、保証人は、全ての対象債権者に対して、保証人の資力に関する情報を誠実に開示し、開示した情報の内容の正確性について表明保証を行うとともに、支援専門家は、対象債権者からの求めに応じて、当該表明保証の適正性についての確認を行い、対象債権者に報告することを前提とする。

　　なお、対象債権者は、保証債務の履行請求額の経済合理性について、主たる債務と保証債務を一体として判断する。（以下略）

●関連情報として、「経営者保証に関するガイドライン」Q＆A、も参照ください（全銀協（https://www.zenginkyo.or.jp/news/2019/n101504/））

	事業承継時に焦点を当てた「経営者保証に関するガイドライン」の特則 （抜粋）

事業承継時に焦点を当てた「経営者保証に関するガイドライン」の特則 （抜粋）

1. はじめに （略）

・本特則は、ガイドラインを補完するものとして、主たる債務者、保証人及び対象債権者のそれぞれに対して、事業承継に際して求め、期待される具体的な取扱いを定めたものである。

・本特則が、主たる債務者、保証人及び対象債権者において広く活用され、経営者保証に依存しない融資の一層の実現に向けた取組みが進むことで、円滑な事業承継が行われることが期待される。

2. 対象債権者における対応

・事業承継時の経営者保証の取扱いについては、原則として前経営者、後継者の双方から二重には保証を求めないこととし、後継者との保証契約に当たっては経営者保証が事業承継の阻害要因となり得る点を十分に考慮し保証の必要性を慎重かつ柔軟に判断すること、前経営者との保証契約については、前経営者がいわゆる第三者となる可能性があることを踏まえて保証解除に向けて適切に見直しを行うことが必要である。

・また、こうした判断を行うに当たっては、ガイドライン第4項（2）に即して検討しつつ、経営者保証の意味（規律付けの具体的な意味や実際の効果、保全としての価値）を十分に考慮し、合理的かつ納得性のある対応を行うことが求められる。

本書参照頁 54 56 62 71	（1）前経営者、後継者の双方との保証契約

（1）前経営者、後継者の双方との保証契約

・原則として前経営者、後継者の双方から二重には保証を求めないこととし、例外的に二重に保証を求めることが真に必要な場合には、その理由や保証が提供されない場合の融資条件等について、前経営者、後継者の双方に十分説明し、理解を得ることとする。例外的に二重徴求が許容される事例としては、以下の通りである。

①前経営者が死亡し、相続確定までの間、亡くなった前経営者の保証を解除せずに後継者から保証を求める場合など、事務手続完了後に前経営者等の保証解除が予定されている中で、一時的に二重徴求となる場合

②前経営者が引退等により経営権・支配権を有しなくなり、本特則第2項（2）に基づいて後継者に経営者保証を求めることが止むを得ないと判断された場合において、法人から前経営者に対する多額の貸付金等の債権が残存しており、当該債権が返済されない場合に法人の債務返済能力を著し

く毀損するなど、前経営者に対する保証を解除することが
著しく公平性を欠くことを理由として、後継者が前経営者
の保証を解除しないことを求めている場合

③金融支援（主たる債務者にとって有利な条件変更を伴うも
の）を実施している先、又は元金等の返済が事実上延滞し
ている先であって、前経営者から後継者への多額の資産等
の移転が行われている、又は法人から前経営者と後継者の
双方に対し多額の貸付金等の債権が残存しているなどの特
段の理由により、当初見込んでいた経営者保証の効果が大
きく損なわれるために、前経営者と後継者の双方から保証
を求めなければ、金融支援を継続することが困難となる場
合

④前経営者、後継者の双方から、専ら自らの事情により保証
提供の申し出があり、本特則上の二重徴求の取扱いを十分
説明したものの、申し出の意向が変わらない場合（自署・
押印された書面の提出を受けるなどにより、対象債権者か
ら要求されたものではないことが必要）（以下略）

（2）後継者との保証契約
・後継者に対し経営者保証を求めることは事業承継の阻害要
因になり得ることから、後継者に当然に保証を引き継がせ
るのではなく、必要な情報開示を得た上で、ガイドライン
第4項（2）に即して、保証契約の必要性を改めて検討す
るとともに、事業承継に与える影響も十分考慮し、慎重に
判断することが求められる。

・具体的には、経営者保証を求めることにより事業承継が頓
挫する可能性や、これによる地域経済の持続的な発展、金
融機関自身の経営基盤への影響などを考慮し、ガイドライ
ン第4項（2）の要件の多くを満たしていない場合でも、
総合的な判断として経営者保証を求めない対応ができない
か真摯かつ柔軟に検討することが求められる。

・また、こうした判断を行う際には、以下の点も踏まえて検
討を行うことが求められる。

①主たる債務者との継続的なリレーションとそれに基づく事
業性評価や、事業承継に向けて主たる債務者が作成する事
業承継計画や事業計画の内容、成長可能性を考慮すること

②規律付けの観点から対象債権者に対する報告義務等を条件
とする停止条件付保証契約等の代替的な融資手法を活用す
ること

③ 外部専門家や公的支援機関による検証や支援を受け、ガイドライン第4項（2）の要件充足に向けて改善に取り組んでいる主たる債務者については、検証結果や改善計画の内容と実現見通しを考慮すること

④「経営者保証コーディネーター」によるガイドライン第4項（2）を踏まえた確認を受けた中小企業については、その確認結果を十分に踏まえること

・こうした検討を行った結果、後継者に経営者保証を求めることが止むを得ないと判断された場合、以下の対応について検討を行うことが求められる。

⑤資金使途に応じて保証の必要性や適切な保証金額の設定を検討すること（例えば、正常運転資金や保全が効いた設備投資資金を除いた資金に限定した保証金額の設定等）

⑥規律付けの観点や財務状況が改善した場合に保証債務の効力を失うこと等を条件とする解除条件付保証契約等の代替的な融資手法を活用すること

⑦主たる債務者の意向を踏まえ、事業承継の段階において、一定の要件を満たす中小企業については、その経営者を含めて保証人を徴求しない信用保証制度を活用すること

⑧主たる債務者が事業承継時に経営者保証を不要とする政府系金融機関の融資制度の利用を要望する場合には、その意向を尊重して、真摯に対応すること

（3）前経営者との保証契約

・前経営者は、実質的な経営権・支配権を保有しているといった特別の事情がない限り、いわゆる第三者に該当する可能性がある。令和2年4月1日からの改正民法の施行により、第三者保証の利用が制限されることや、金融機関においては、経営者以外の第三者保証を求めないことを原則とする融資慣行の確立が求められていることを踏まえて、保証契約の適切な見直しを検討することが求められる。

・保証契約の見直しを検討した上で、前経営者に対して引き続き保証契約を求める場合には、前経営者の株式保有状況（議決権の過半数を保有しているか等）、代表権の有無、実質的な経営権・支配権の有無、既存債権の保全状況、法人の資産・収益力による借入返済能力等を勘案して、保証の必要性を慎重に検討することが必要である。特に、取締役等の役員ではなく、議決権の過半数を有する株主等でもない前経営者に対し、止むを得ず保証の継続を求める場合に

	は、より慎重な検討が求められる。
	・また、本特則第2項（4）のとおり、具体的に説明することが必要であるほか、前経営者の経営関与の状況等、個別の背景等を考慮し、一定期間ごと又はその背景等に応じた必要なタイミングで、保証契約の見直しを行うことが求められる（根保証契約についても同様）。
	（4）債務者への説明内容 ・主たる債務者への説明に当たっては、対象債権者が制定する基準等を踏まえ、ガイドライン第4項（2）の各要件に掲げられている要素（外部専門家や経営者保証コーディネーターの検証・確認結果を得ている場合はその内容を含む）のどの部分が十分ではないために保証契約が必要なのか、どのような改善を図れば保証契約の変更・解除の可能性が高まるかなど、事業承継を契機とする保証解除に向けた必要な取組みについて、主たる債務者の状況に応じて個別・具体的に説明することが求められる。特に、ハ）で定める法人の資産・収益力については、可能な限り定量的な目線を示すことが望ましい。 ・また、金融仲介機能の発揮の観点から、事業承継を控えた主たる債務者に対して、早期に経営者保証の提供有無を含めた対応を検討するよう促すことで、円滑な事業承継を支援することが望ましい。 ・更に、保証債務を整理する場合であっても、ガイドラインに基づくと、一定期間の生計費に相当する額や華美ではない自宅等について、保証債務履行時の残存資産に含めることが可能であることについても説明することが求められる。 （5）内部規定等による手続の整備（以下略）
3. 主たる債務者及び保証人における対応	
	・主たる債務者及び保証人が経営者保証を提供することなしに事業承継を希望する場合には、まずは、ガイドライン第4項（1）に掲げる経営状態であることが求められる。特に、この要件が未充足である場合には、後継者の負担を軽減させるために、事業承継に先立ち要件を充足するよう主体的に経営改善に取り組むことが必要である。 ・このため、「事業承継ガイドライン」に記載の事業承継に向けた5つのステップ も参照しつつ、事業承継後の取組みも含めて、以下のような対応が求められる。

	・また、以下の対応を行うに際しては、ガイドライン第4項（1）①に掲げる外部専門家の検証や公的支援機関の支援を活用することも推奨される。 （1）法人と経営者との関係の明確な区分・分離（以下略） （2）財務基盤の強化（以下略） （3）財務状況の正確な把握、適時適切な情報開示等による経営の透明性確保（以下略）
4．その他	
	・本特則は、令和2年4月1日から適用することとする。 （以下略）

中小・地域金融機関向けの総合的な監督指針 （令和２年６月）（抜粋）

Ⅱ－3－2 利用者保護等
Ⅱ－3－2－1 与信取引等（貸付契約並びにこれに伴う担保・保証契約及びデリバティブ取引）に関する顧客への説明態勢

Ⅱ－3－2－1－1 意義（略）

Ⅱ－3－2－1－2 主な着眼点
（1）全行的な内部管理態勢の確立（略）

（2）契約時点等における説明
　以下の事項について、社内規則等を定めるとともに、従業員に対する研修その他の当該社内規則に基づいて業務が運営されるための十分な体制が整備されているか検証する。

① 商品又は取引の内容及びリスク等に係る説明

本書参照頁 22	（略）……なお、検証に当たっては、特に以下の点に留意する。 イ．融資取引にオプション・スワップ等のデリバティブ取引が含まれているとき（デリバティブ取引のみを行う場合を含む。）には、法第13条の3各号並びに金融商品取引法第38条各号及び第40条各号の規定に抵触することのないよう、顧客の知識、経験、財産の状況及び取引を行う目的を踏まえ、商品内容やそのリスクに応じて以下の事項に留意しているか。（以下略）
本書参照頁 48	ロ．住宅ローン契約については、利用者に適切な情報提供とリスク等に関する説明を行うこととしているか。特に、金利変動型又は一定期間固定金利型の住宅ローンに係る金利変動リスク等について、十分な説明を行うこととしているか。 　説明に当たっては、例えば、「住宅ローン利用者に対する金利変動リスク等に関する説明について」（平成16年12月21日：全国銀行協会申し合わせ）に沿った対応がなされる態勢となっているか。また、適用金利が将来上昇した場合の返済額の目安を提示する場合には、その時点の経済情勢において合理的と考えられる前提に基づく試算を示すこととしているか。
本書参照頁 56	ハ．個人保証契約については、保証債務を負担するという意思を形成するだけでなく、その保証債務が実行されることによって自らが責任を負担することを受容する意思を形成するに足る説明を行うこととしているか。 　例えば、保証契約の形式的な内容にとどまらず、保証の法

	的効果とリスクについて、最悪のシナリオ即ち実際に保証債務を履行せざるを得ない事態を想定した説明を行うこととしているか。 　また、必要に応じ、保証人から説明を受けた旨の確認を行うこととしているか。
本書 参照頁 28	ニ．経営者等との間で保証契約を締結する場合には、「経営者保証に関するガイドライン」に基づき、以下の点について、主債務者と保証人に対して丁寧かつ具体的に説明を行うこととしているか（Ⅱ－10－2参照）。 　a．保証契約の必要性 　b．原則として、保証履行時の履行請求は、一律に保証金額全額に対して行うものではなく、保証履行時の保証人の資産状況等を勘案した上で、履行の範囲が定められること 　c．経営者保証の必要性が解消された場合には、保証契約の変更・解除等の見直しの可能性があること
本書 参照頁 56	ホ．連帯保証契約については、補充性や分別の利益がないことなど、通常の保証契約とは異なる性質を有することを、相手方の知識、経験等に応じて説明することとしているか。 （注1）「補充性」とは、主たる債務者が債務を履行しない場合にはじめてその債務を履行すればよいという性質をいう。 （注2）「分別の利益」とは、複数人の保証人が存在する場合、各保証人は債務額を全保証人に均分した部分（負担部分）についてのみ保証すれば足りるという性質をいう。
本書 参照頁 14 18 20 22 28	ヘ．経営者以外の第三者との間で個人連帯保証契約を締結する場合（Ⅱ－11参照）には、契約者本人の経営への関与の度合いに留意し、原則として、経営に実質的に関与していない場合であっても保証債務を履行せざるを得ない事態に至る可能性があることについての特段の説明を行うこととしているか。併せて、保証人から説明を受けた旨の確認を行うこととしているか。 （注）契約者本人が経営に実質的に関与していないにもかかわらず、自発的に連帯保証契約の申し出を行った場合には、金融機関から特段の説明を受けた上で契約者本人が自発的な意思に基づき申し出を行った旨が記載され、自署・押印された書面の提出を受けるなどにより、当該契約について金融機関から要求されたものではないことを確認している

	かに留意する。
本書 参照頁 22 76 78	ト．経営者以外の第三者と根保証契約を締結する場合には、原則として、契約締結後、保証人の要請があれば、定期的又は必要に応じて随時、被保証債務の残高・返済状況について情報を提供することとしているか。
	チ．信用保証協会の保証付き融資については、利用する保証制度の内容や信用保証料の料率などについて、顧客の知識、経験等に応じた適切な説明を行うこととしているか。

② 契約締結の客観的合理的理由の説明
　顧客から説明を求められたときは、事後の紛争等を未然に防止するため、契約締結の客観的合理的理由についても、顧客の知識、経験等に応じ、その理解と納得を得ることを目的とした説明を行う態勢が整備されているか。
　なお、以下のイ.からハ.の検証に関しては、各項に掲げる事項について顧客から求められれば説明する態勢（ハ.の検証にあっては、保証契約を締結する場合に説明する態勢）が整備されているかに留意する。

本書 参照頁 45	イ．貸付契約 　貸付金額、金利、返済条件、期限の利益の喪失事由、財務制限条項等の契約内容について、顧客の財産の状況を踏まえた契約締結の客観的合理的理由
本書 参照頁 24 26	ロ．担保設定契約 　極度額等の契約内容について、債務者との取引状況や今後の取引見通し、担保提供者の財産の状況を踏まえた契約締結の客観的合理的理由
本書 参照頁 14 18 20 22 28	ハ．保証契約 　保証人の立場及び財産の状況、主債務者や他の保証人との関係等を踏まえ、当該保証人との間で保証契約を締結する客観的合理的理由 　ａ．根保証契約については、設定する極度額及び元本確定期日について、主債務者との取引状況や今後の取引見通し、保証人の財産の状況を踏まえた契約締結の客観的合理的理由 　ｂ．経営者以外の第三者との間で個人連帯保証契約を締結する場合には、「経営者以外の第三者の個人連帯保証を求めないことを原則とする融資慣行を確立」するとの観点に照らし、必要に応じ、「信用保証協会における第三者保証人徴求の原則禁止について」における考え方にも留意しつつ（Ⅱ－11－2（1）参照）、当該第三者と保証契約を締結する客観的合理的理由。

	c．経営者等に保証を求める場合には、「経営者保証に関する ガイドライン」に基づき（Ⅱ－10－2参照）、当該経営者等 と保証契約を締結する客観的合理的理由

③ 契約の意思確認

本書 参照頁 14 18 20 22 28	イ．契約の内容を説明し、借入意思・担保提供意思・保証意思・ デリバティブ取引の契約意思があることを確認した上で、行 員の面前で、契約者本人（注）から契約書に自署・押印を受 けることを原則としているか。特に、保証意思の確認に当たっ ては、契約者本人の経営への関与の度合いについても確認す ることとしているか。 （注）いわゆる「オーナー経営」の中小企業等との重要な契約 　　　に当たっては、形式的な権限者の確認を得るだけでは不十 　　　分な場合があることに留意する必要がある。 　　　　特に、デリバティブ取引が、顧客の今後の経営に大きな 　　　影響を与えるおそれのある場合、当該中小企業等の取締役 　　　会等で意思決定された上での契約かどうか確認することが 　　　重要である。 ロ．例外的な書面等による対応については、顧客保護及び法令 等遵守の観点から十分な検討を行った上で、社内規則等にお いて明確に取扱い方法を定め、遵守のための実効性の高い内 部けん制機能が確立されているか。 ハ．いわゆる捨印慣行の不適切な利用、及び契約の必要事項を 記載しないで自署・押印を求め、その後、行員等が必要事項 を記載し書類を完成する等の不適切な取扱いを防止するため、 実効性の高い内部けん制機能が確立されているか。 ニ．銀行として貸付の決定をする前に、顧客に対し「融資は確実」 と誤認させる不適切な説明を行わない態勢が整備されている か。

④ 契約書等の書面の交付

　貸付契約、担保設定契約又は保証契約を締結したときは、原則として
契約者本人に契約書等の契約内容を記載した書面を交付することとして
いるか。

　なお、検証に当たっては、特に以下の点に留意する。

本書 参照頁 48	イ．銀行取引約定書は、双方署名方式を採用するか、又はその 写しを交付することとしているか。 ロ．貸付契約書、担保設定契約書及び保証契約書については、 その写しを交付すること等により顧客が契約内容をいつでも 確認できるようになっているか。 ハ．取引の形態から貸付契約の都度の契約書面の作成が馴染ま ない手形割引や手形貸付については、契約条件の書面化等、 契約面の整備を適切に行うことにより顧客が契約内容をいつ

	でも確認できるようになっているか。

（3）貸付けに関する基本的な経営の方針（クレジットポリシー等）との整合性（以下略）

（4）顧客との情報共有の拡大と相互理解の向上に向けた取組み（以下略）

（5）取引関係の見直し等の場合の対応

　借り手企業との取引関係の見直し等を行う場合の対応については、銀行の営業上の判断に即した本来の説明を的確に行う態勢が整備されることが必要であり、その際、金融検査等を口実とするなどの不適切な説明が行われないよう留意することが必要である。

　このため、下記の①から③の場合において、それぞれ下記のような適切な説明等の対応を行う態勢が整備されているかどうかについて検証するものとする。

① 契約締結後の金利の見直し、返済条件の変更、保証契約の見直し、担保追加設定・解除等の場合

本書 参照頁 48 58	これまでの取引関係や、顧客の知識、経験、財産の状況及び取引を行う目的を踏まえ、Ⅱ－3－2－1－2（2）（契約時点等における説明）と基本的に同様に、顧客の理解と納得を得ることを目的とした説明態勢が整備されているか。 　特に、借り手企業の事業承継時においては、「経営者保証に関するガイドライン」に基づき、前経営者が負担する保証債務について、後継者に当然に引き継がせるのではなく、必要な情報開示を得た上で、保証契約の必要性等について改めて検討するとともに、その結果、保証契約を締結する場合には、保証契約の必要性等について主債務者及び後継者に対して丁寧かつ具体的な説明を行う態勢が整備されているか。 　また、前経営者から保証契約の解除を求められた場合には、前経営者が引き続き実質的な経営権・支配権を有しているか否か、当該保証契約以外の手段による既存債権の保全の状況、法人の資産・収益力による借入返済能力等を勘案しつつ、保証契約の解除についての適切な判断を行う態勢が整備されているか（Ⅱ－10－2参照）。

② 顧客の要望を謝絶し貸付契約に至らない場合

　これまでの取引関係や、顧客の知識、経験、財産の状況及び取引を行う目的に応じ、可能な範囲で、謝絶の理由等についても説明する態勢が整備されているか。

	・例えば、長期的な取引関係を継続してきた顧客に係る手形貸付について更なる更改を謝絶する場合、信義則の観点から顧客の理解と納得が得られるよう、原則として時間的余裕をもって説明することとしているか。 ・例えば、信用保証協会の保証付き融資について、営業上の判断

<table>
<tr><td></td><td>に即した本来の説明を的確に行うことなく、平成19年10月より「責任共有制度」が導入されたことを口実として融資を謝絶するといった不適切な対応を行っていないか。</td></tr>
<tr><td colspan="2">③ 延滞債権の回収（担保処分及び個人保証の履行請求によるものを含む。）、債権譲渡、企業再生手続（法的整理・私的整理）及び債務者や保証人の個人再生手続等の場合</td></tr>
<tr><td>本書
参照頁
88
91
94
96
98
100
103</td><td>イ．これまでの取引関係や、顧客の知識、経験、財産の状況及び取引を行う目的に応じ、かつ、法令に則り、一連の各種手続を段階的かつ適切に執行する態勢が整備されているか。
・例えば、経営者以外の第三者の保証人個人に保証債務の履行を求める場合は、基本的に保証人が主債務者の状況を当然には知り得る立場にないことに留意し、事後の紛争等を未然に防止するため、必要に応じ、一連の各種手続について正確な情報を提供する等適切な対応を行う態勢となっているか（Ⅱ-11-2（2）参照）。
ロ．手続の各段階で、顧客から求められれば、その客観的合理的理由を説明することとしているか。
ハ．特に経営者保証における保証債務の履行に際しては、「経営者保証に関するガイドライン」に基づき、保証人の手元に残すことのできる残存資産の範囲について、必要に応じ支援専門家とも連携しつつ、保証人の履行能力、経営者たる保証人の経営責任や信頼性、破産手続における自由財産の考え方との整合性等を総合的に勘案して決定する態勢となっているか（Ⅱ-10-2参照）。
ニ．貸付債権の流動化
・対象債権を有する銀行は、原債務者の保護に十分配慮しているか。
・債務者等を圧迫し又はその私生活若しくは業務の平穏を害するような者に対して貸付債権を譲渡していないか。</td></tr>
<tr><td colspan="2">（6）苦情等処理機能の充実・強化（以下略）
（7）不公正取引との誤認防止（以下略）</td></tr>
</table>

〈著者略歴〉

相木　辰夫（あいき　たつお）

香川総合法律事務所 シニアマネージャー

東京都民銀行法務室長を経て現職。

東京商工会議所「民法（債権関係）普及啓発ワーキングチーム」委員（2017年）、同上「民法（債権法）改正検討専門委員会」委員（2009〜2016年）、法務省・東京商工会議所「民法（債権関係）見直しに関する懇談会」オブザーバー（2012年）、経済産業省「産業界との民法改正ワーキンググループ」委員（2011年）、東京商工会議所「会社法改正専門委員会」座長（2005年）等を歴任。

〈著書〉『図解とQ＆Aでよくわかる 民法債権法改正の日常業務対応』（2020年、ビジネス教育出版社）、『知らないじゃすまされない！ 中小企業のための改正民法の使い方』（2020年、秀和システム）、「債権法改正のチェックポイント：実務からの質疑応答」（『銀行法務21』2020年1月号、経済法令研究会）他多数。

債権管理回収は、融資セールス時からスタート

2021年3月25日　初版第1刷発行

著　者　　相木 辰夫

発行者　　中野 進介

発行所　株式会社ビジネス教育出版社

〒102-0074　東京都千代田区九段南4-7-13
TEL 03（3221）5361（代表）／FAX 03（3222）7878
E-mail▶info@bks.co.jp URL▶https://www.bks.co.jp

印刷・製本／シナノ印刷㈱　　装丁・本文デザイン・DTP／タナカデザイン
落丁・乱丁はお取り替えします。

ISBN978-4-8283-0875-3　C2034